讓學生不想下課的作文課

高詩佳 著

推薦序1

老師的創意，激發小朋友的想像力

這是一本作文教學示範的書，而且是「美語教學法」的中文作文教學示範；簡單地說，就是「中學為體，西學為用」。本書作者摒棄了教條式的說理，代之以巧思的動態教學活動設計，激發小朋友的求知欲和好奇心，並引導到作文的學習上，完全是兒童美語教學的實況演出——重視肢體語言和小朋友之間的互動、關心小朋友的反應和營造課堂的歡樂氣氛。課堂裡，小朋友專注、歡悅的情景；孩子們臉上靈光乍現的領悟表情，躍然紙上。本書作者成功地展現出生動活潑的課程設計及教學規劃！

最近，筆者走訪多家書局，翻閱眾多有關作文教學的書，這才發現坊間如雨後春筍般地冒出許多創意作文、小學作文、作文教學指引之類的書籍。可惜的是，大多數的作者徒有教學背景，或蒐集成語、名言，或將小朋友的作文予以修訂，並套用一些教學理論，就集結成書，似乎吝於和別人分享寶貴的教學經驗，書中只有眾人皆知的教學理念，既無創意教學，也無教學指引。如此一來，老師的教學和教材了無新意，如何激發小朋友的想像力？

在本書作者的「談作文的創意教學」一文中，提到老師們應該「多方接受刺激」，從「不時與繆思女神共舞」、「廣泛閱讀『怪書』」、「原來創意是可以學的」、「注意語言的共性」、「教科書沒有講的，這裡有！」、「隨時充電，蓄勢待發」到「用心感受生活」七個段落，無非一再提醒老師們：要搶救孩子們的作文能力，先從充實自己、搶救自己的教學能力開始。確實，當老師需要教學天分，這是必須下功夫培養，才能充分發揮的天賦。而所有好老師的共通點，都是懂得善用教學天賦，由天賦中培養出教學能力。同時，好老師的教學方法和直覺很另類，他們的作風跟別的老師迥然不同，他們喜歡自編教材。誠然，用全心自創的「不按牌理出牌」的真正有創意的教學法，教學者就必須隨時參閱中外書籍、勤於蒐集資料，並將之消化吸收，內化為自己的語言，以平易生動的表達方式，開啟小朋友想像的空間。這類型的老師是用天賦、知識和技巧來教學，即是以能力來教學。筆者倒以為，「既教又學，教學相長」，正是作者撰寫這一部分內容的寓意。

「教小朋友作文」真不是一件簡單輕鬆的工作！本書作者和筆者幾次討論撰寫本書的動機、構想時，她提到：「當我走進教室時，腦海裡已經想好許多教學方案，就看當時的環境和小朋友的需求，挑出新鮮有變化的方式，每一堂課一定要帶給小朋友驚喜……我喜歡看到整個作文班動起來，那也給我許多教學的樂趣和思考的靈感。」的確，在課堂上，小朋友的動作太多、話太多，狀況百出。如何讓他們集中注意力，又能高高興興地上作文課呢？更如何讓你的課堂成為「讓學生不想下課的作文課」呢？這值得老師們深思與反省。

TOEIC全球模考股份有限公司總經理、
國際職能教育發展協會執行長

推薦序2

治癒你的「作文教學憂慮症」

曾聽過一句諢語：「上輩子殺過人，這輩子教作文。」如此誇大的說法，倒也道出了「作文教學」的苦水。

近年來學生的國語文程度、作文能力普遍下降，已成為社會輿論相當關心、憂心的課題。大學生作文不好，可以怪罪於高中時期沒被教好；高中生作文欠佳，可以推給國中；國中則可以推給國小；國小的國文老師就必須概括承受。事實上也很難辯白卸責，畢竟萬丈高樓平地起，國小六年確為紮實基礎的黃金時段，如果這期間都視作文課為單調無聊的疲勞轟炸，視作文為畏途，一旦破壞了學習的脾胃，寄望日後，著實不易。國小老師們擔負如斯重責大任，確實辛苦！

不只國小老師，這幾年，為因應作文在基測考試的舉足輕重，許多作文班如雨後春筍，紛紛開立，任課老師們恐怕也必須面對學生及家長，課後反應意見的壓力。

究竟該怎麼教，才能使作文課免為教條式地照本宣科，引發學生的興趣而日起有功，營造出歡愉、熱烈的學習氛圍，而使作文成為叫好又叫座的課程，是老師們深思的問題。如果你翻閱過的作文書籍，仍無法滿足上述要求；如果你一想到要教作文就心惶惶、腦鈍鈍，滿懷焦煩，鄭重向你推薦這本《讓學生不想下課的作文課》，它能治療你的「作文教學憂慮症」，使你上起課來如撥雲見日，柳暗花明。

這不是一般純文字概述的書，而是一

本造境鮮明、有聲有色、循循善誘、情趣盎然的「繪本」。透過文字，我們來到詩佳的作文教室，從十三堂課的示範中，為你解答「究竟該怎麼教」的問題，並歸納出具體可行的方法：

❶講台即舞台：為吸引學生、引發興趣，教者宜體認教學亦為某種形式的「演藝」，調整「為師必須道貌岸然」的心態，試著從聲音、表情、肢體、語言等方面，依實際需要予以變化，甚至扮演不同的角色。

❷用心設計：一場精采的表演，除了表演者本身的演技外，節目或情節的精心設計，更是決定成敗的關鍵，作文教學亦然。事先用心設計、安排，會讓教者在授課時，得心應手，讓學生感受他的認真、自信與魅力。本書最值得稱道的，便是每堂課的每個部分均井然有序，脈絡分明，足堪參考取用和學習。

❸導引參與：在學習活動中，學習者的參與程度決定成效的高低，教者的任務在於導引、協助、鼓勵參與。本書設計多元化的活動，藉著讓學生講故事、編劇、表演、玩遊戲、互相對話等，鼓勵他們去動、去聽、去看、去聞、去想、去做，以激發孩子的潛力，累積作文所需的素材。同時細心地關注到「內向的」、「膽怯的」學生，貼心地安排適合他們的參與方式，表露了「因材施教」、「一個也不能少」的教學態度。

❹情境教學：情境營造氛圍，氛圍產

生感染，故身歷其境較之聽聞，感受更為深刻，善用情境教學，也是本書特色。為了介紹「擬人法」，讓學生藉著想像，化身為文具盒中的鉛筆、橡皮擦；為了講解「記敘文」，老師化身為導遊，教室成為景點，營造出「旅遊情境」，帶領學生去注意、觀察身邊的事物，加以記錄整理，作為記敘文之張本。使學生對於記敘文的撰寫，有了生動而切身的體認。

❺喚醒經驗：記憶與經驗是寫作材料的主要來源。別人的經驗固然可寫，自己的經驗尤其可貴。本書透過問題的設計、互動式的討論，引導並幫助學生喚醒記憶，陳述經驗，在實際作文時，便能有話可說，有事可寫，內容因而豐富。

❻隨機指正：教學貴及時，及時且隨機糾正錯誤、調整觀念，最能讓受教者印象深刻、銘記於心。在「誇大法」的教學中，我們看到當學生舉出欠妥的誇大句例時，老師立刻予以指正，並給予重新修正的機會。

如果你即將加入作文教學的行列，或對自己目前的作文教學感到心虛、憂慮、不滿意而亟思改善，本書的用心、巧思及創意，將能對你有所幫助。

東吳大學中國文學系副教授
劉玉國

自序

教作文，真不簡單！

教學真是一件不簡單的事，只有當自己親身經歷，才能了解站在講台上的老師們，是多麼不簡單。

記得在大一時上第一堂課，見到教室門口走進一位年輕斯文的男老師，他的臉上掛著副大眼鏡，卻掩飾不住羞赧的神情。

老師在第一堂課，就與我們分享初次教學的經驗。當時他讀博士班，在專科教授國文，第一次上台講課，緊張得全身發抖，他的手按著講桌，講桌竟然也跟著「格格」作響起來。等他好不容易鎮定下來，卻很快地將準備了兩週的內容，在十五分鐘內講完。他心想：「完了，接下來的一堂半，該怎麼撐過去呢？」

當時我聽了，忍不住哈哈大笑，沒想到過兩年後，輪到我當老師了，才發現，自己其實也是菜鳥一隻。

多年以前，我剛開始教兒童作文班時，真是深感挫敗。

我自認為當年我的老師們，確實是教出像我這樣的好學生，因此我的腦中根深柢固的，全部是過去我的小學老師們的教法，我認為那是有效的、最佳的教法，沒想到這個想法讓我的第一堂課，受到極大的打擊。

我的第一次教學，也是在全身發抖、面色蒼白，及頭腦發暈的狀況下開始的，雖然台下坐著的，全是三、四年級的小毛頭，但我就是抑制不住緊張。

接著，我就和我嘲笑的老師一樣，也

在十五分鐘內，講完準備兩週的內容。然後學生開始吵鬧，我又擺出「當老師的架式」，自覺可以威嚴鎮攝住，然而小朋友並不吃我這套，於是我又嚐到被學生當成影子的感受。

這就是我那痛苦的第一次教學經驗。

由於第一次的教學太痛苦，促使我徹底反省自己對教學的觀念和想法，在沒有人帶領的獨自摸索中，我擺脫過去所接受的傳統教法，體悟到現在的孩子和當年的我們，已經有很大的不同，因此有必要作一番調整，更認識到在教學中，利用遊戲和思考引導的重要。

「給孩子魚吃，不如給他們一根釣竿」，教導孩子學會思考，應當比教會孩子許多修辭技巧更加重要，因為字句的鍛鍊，可以靠著閱讀和寫作經驗來訓練，然而「腦袋裡面的東西」，卻需要老師們花更多的心力，將其挖掘出來。方法便是利用各種刺激、引導，幫助孩子回憶舊的經驗，並創造新的經驗，才能使他們增廣見聞，寫作時才有靈感和充實的內容。

對老師而言，具有創意與趣味化的思考引導，才能擺脫生硬、僵化的填鴨式教學，使孩子不再害怕寫作，進而產生學習興趣。而教師更能從這樣的教學實踐，去激發自己，開創無限的創意潛能，成為真正有創造力的教師，這正是所謂的「教學相長」。

本書的撰寫精神，首重在「思考引導」，重視互動式的教學情境，藉由師生討論、靈感啟發、問題引導，幫助孩子思考及組織作文素材，豐富孩子的生活經驗，以增加寫作材料。我撰寫此書，除了希望將自己的教材與經驗，和許多熱心教學的老師們分享，也希望透過這本書，幫助許多有志於從事作文教學的未來老師們，順利完成第一次教學，和往後的無數次教學。同時，也希望各位老師們不吝賜教，讓本書能臻於完美。

最後，感謝我的父母，謝謝他們給我一個健全溫暖的家，在我人生的許多重要轉折，給予我充滿智慧的建議。感謝母親為我的書，畫了幾幅可愛的圖畫，感謝父親為我的書撰文，讓本書生色不少。

感謝張曼娟老師，在我對自己的未來茫然無緒時，給我機會，讓我在小學堂服務，從老師身上，我學到許多寶貴的經驗，更感謝老師對我的照顧與包容。感謝王瓊玲老師與劉玉國老師，曾在我人生最困頓時，在我的學業遇到困難時，給予我溫暖與協助。王老師的：「曾經的驚天動地，都將會雲淡風清。」及劉老師的：「人在這世上，就是要彼此取暖。」影響我至深。感謝諸位老師對此書的推薦。

感謝主編黃惠娟小姐和編輯群，謝謝你們的辛苦付出，以及超高效率的執行力，能夠在五南出版社出版我人生的第一本書，是我的榮幸。

高詩佳

Contents 目錄

談作文
的創意教學

談作文的創意教學

引言

作文課的傳統靜態印象

「作文課」是一門將文字書寫在紙張的課程，因此使它很容易就變成靜態的課。

讓我們把時光倒回二十年前，當時學校的國語文老師奉行如下的上課方式：教師站在講台上講課，表情嚴肅而認真，講課的順序首先由作者開始，介紹名字、籍貫及著作。

其次，解釋本課所使用的體裁，是記敘文、抒情文，還是論說文，若是國小老師則省略這個部分不談，因為孩子太小了，聽不懂。

接著，老師會帶領學生讀過一遍課文，再逐字逐句說明意思，並與註釋合併解說。最後，老師會要求學生再唸一次課文，然後要學生回家背誦，下次上課時考默寫。

再讓我們看看二十年前的作文課：學生安靜地排排坐在教室，把乾淨的稿紙和筆擺在桌上。老師走進教室，一聲不吭地筆直往黑板走去，拿起粉筆，便在黑板上大書四字：「我的母親」。

年紀比較輕的老師會放下粉筆，微笑地告訴我們：「今天的作文題目，就是要你們寫自己的媽媽，記得要寫出媽媽是怎麼照顧你們喔！要寫完一張稿紙，字數太少的話，老師會退回去要你們重寫。好，開始！」

如果是年紀比較「資深」的老師，則是面無表情，簡單扼要地說：「今天的作文題目是『我的母親』。好，開始寫！」連說明題目都免了，然後大家開始把作文寫成草稿，修改完畢，就抄寫好交出去。

同樣的場景，今天仍然見得到。

建立動態的作文教室

為何作文課只能停留在單調的紙筆練習？

許多國語文或坊間作文班的老師都知道，搶救孩子的中文程度，必須使用活潑、有創意的教學活動來引導，如果我們還在使用傳統的講述法，那麼我們必須體認，活潑、有創意的教學方式，已被公認是「有效的」。

我們的學生只有在對老師的教法有興趣的情況下，才能真正地學到東西。因此，如何有效地使學生對學習產生興趣，是十分重要的事。

想要使學生對學習產生反應，就要利用動態的學習方式。動態學習與傳統靜態學習的差異，是顯而易見的，老師給予的刺激（教學活動）與學生接收的反應（學習成效）具有密切的聯繫，老師給的刺激越少，學生的反應越差。

教師應試著將教條式的寫作技巧理論，經由課堂的活動，轉換成新的訊息，並對學生的心理造成刺激，才能使學生牢記，並活用這些寫作技巧，因為帶有遊戲性與趣味性的學習，才能引起學生的興趣。

孩子天生就是個探險家，本性具有強烈的好奇心、求知欲與表演欲，教師必須提供學生具有童心的、鼓舞的與好玩的學習環境，才能達到最佳的學習效果。

寫作本身便鼓勵創意與天馬行空的想像，我們要鼓勵兒童天生的創作力，而非去壓抑它。透過遊戲與活動，能夠刺激兒童的想像力與創作力，所以，我們應該努力建立一個動態的作文教室。

深切省思

如果我們發現自己的教學和二十年前相比，並沒有太大的變化，那麼我們應該開始深切省思。

本章將與你分享，身為作文老師的我們，能夠從哪些方向調整自己的教學方式，以及如何運用簡單的方法，安排課程內容，並經由舉例、肢體語言和幽默感，來展現你的個人魅力。

舉出新鮮的例子

例子是舞曲的前奏

我們撰寫說明文時，常利用舉例的方式，來說明某種現象或事理，也就是說明文的「舉例法」。所舉的例子原則上須簡明扼要、清楚淺白，讀者才能對作者想傳遞的訊息，有深刻的印象和正確的認識。

同樣，講課屬於口頭說明，教師如果

能利用適當的例子，就更能收到良好的教學成果。教師舉的例子必須是學生聽過，或特別有意義、有趣、感人、恐怖的例子，才能在課堂一開始就吸引學生的目光。

「舉例」在教學上具有舉足輕重的地位，卻常常受到忽略。有些教師通常以十分平實的態度，從課本挑出重點加以整理，然後對學生說明這些重點，最後再讓學生練習，或是把這些重點和習題寫在黑板，讓學生抄下，以便日後的複習與準備考試之用，一堂課便在教師冗長的敘述中結束。

也許是認為舉例並不重要，因此這些教師在講課時，常常跳過「舉例」，或是引用許多名人佳句、生活實例，卻從不加以變化，因而顯得平淡無趣。

但是，有許多經驗豐富的教師，卻能以引人入勝的方式，讓學生學得愉快，同時對學習的主題印象深刻。這些教師深刻地了解兒童的注意力容易分散，學習力無法持久，所以努力地尋找別出心裁的例子，以吸引學生的注意，讓學習成為一種愉快的經歷。

也來舉例！

那麼，到底什麼樣的例子才是新鮮有趣的呢？

舉例來說，某位作文老師告訴孩子什麼是名詞，他是這樣說的：

名詞是我們對事物的稱呼。

例如：貓、狗、河川、山、天、桌子、電視……等等。這些就是名詞。

如果世界上沒有名詞，就像人沒有

了名字，那時我們要怎麼稱呼別人呢？

說完以後，就開始講解名詞在句子的位置與使用的方法。

看起來，這位作文老師的教學內容正確無誤，比喻也恰當，但可惜太過認真嚴肅，如果能夠尋找更有趣的例子，就能更吸引學生對課程的投入。

有些特出的例子，會值得當教師的你，在教學生涯中一再使用，雖然這些例子被用了無數次，但它所受到的歡迎，卻從來不打折扣，而這些有趣的例子，不一定只能在一般教條式的書籍找到。

有一次，我偶然翻閱Michael Strumpf與Auriel Douglas合著的《英文文法聖經》（*The Grammar Bible*），看作者舉例說明何謂名詞：

> 想想看一個沒有名詞的世界會是什麼樣子？
>
> 想想看你點餐時，如果不使用名詞，會有多困難、多荒謬？
>
> ——我要點那個外面有兩片軟軟、圓圓的東西，裡面是棕色有嚼勁的東西，鋪上紅色、黃色和一些圓圓、綠色東西的那個物品。
>
> 此例的答案是「漢堡」。

作者模擬沒有名詞時點餐的狀況，使讀者很容易想像，並了解名詞的重要性。如果我們在課堂上引用這個例子，可以配合帶有表演成分的肢體語言，作更好的發揮。

我們可以這麼對學生說：

小朋友，如果世界上沒有名詞的話，我們要怎麼點餐呢？

那時候我們可能會對店員說：

「先生，可以給我一份外面有兩片圓形的軟軟的東西（教師的兩隻手掌張合），裡面夾著一些紅色、黃色、綠色的東西嗎（教師的手指作灑粉末狀）？」

如果你們是店員，你們聽得懂老師點的是什麼餐嗎？

古典例子，創意翻新

除了原封不動地引用例子，有時候為了讓聽眾——也就是學生能夠容易理解，教師可將找來的例子稍作改編，以推陳出新（尤其當例子的來源是中國古典文學作品時）。

有時我們面對的學生年齡較小，可能聽不懂，或無法吸收例子的精要之處，所以教師將例子作適當的改編是必要的。

有次，我對學生說明什麼是「對話」，以及如何書寫作文中的對話，便想以明代李開先創作的院本〈打啞禪〉為例，說明世界上人與人之間若沒有對話，很可能會導致誤會，同樣，作文若沒有對話的書寫，讀者也不容易了解人物的思想情感。但是筆者面對的是一群國小三、四年級的學生，由於補習班混齡教學的緣故，學生當中還有兩、三位國小二年級的孩子，為了讓所有孩子都聽得懂，於是靈機一動，將〈打啞禪〉的情節改編如下：

有一個小朋友名叫阿明，到一座寺廟遊玩，在廟裡遇到一個老和尚。

老和尚看到阿明，就過來用一根手指，對他比了一個「1」，阿明看了，就伸出五根手指比了「5」。

老和尚看了，點點頭，就對著阿明伸出拳頭。

阿明看了，就對老和尚揮了揮手掌。

老和尚看了，又點點頭，面帶微笑地走了。

後來旁邊的人問老和尚是什麼意思？

老和尚說：「我是問他一天參拜佛祖幾次，他回答五次。接著我握拳鼓勵他要堅定自己的信仰，他揮手回答我沒問題。」

人們又去問阿明，阿明說：「老和尚問我一天吃幾碗飯，我回答五碗。然後他聽了很生氣想打我，我就對他揮巴掌表示我不怕他。」

小朋友，從這個故事我們知道，如果沒有對話，就不容易讓別人了解我們的意思喔！

學生對此例的反應既覺驚訝，又覺有趣，他們都以為阿明與老和尚揮拳拍掌，應該是要打起來了！沒想到老和尚與阿明彼此的想法差異這麼大，可見對話是多麼地重要。

教師舉此例的時候，同時可以配合肢體語言，誇張地比出1、5、握拳與揮掌的動作，學生將因教師晃動的手勢與身體，和故事內容的有趣易懂，而深深地受到吸引。

例子的來源不受限制

教師所舉的例子宜深入淺出，例子的來源可從易處找，也可從難處尋，不一定只能從生活中尋找。例如在英國小說家佛斯特的《小說面面觀》，開頭就舉了一個有趣的例子，說明故事與情節的關係：

國王死了，然後王后也死了。

國王死了，王后也傷心而死。

這兩組例子的差異，在於第一組只說明故事，並不具備情節，但第二組卻說明故事的因果關係，交代王后是因為國王死了，才傷心而死的。「故事」是講述依照時間安排的事件，但「情節」重視的卻是因果關係。

佛斯特舉的這則例子的主角，是童話的國王與王后，雖然此書多半是大學中文系的學生讀的，但「國王與王后」對兒童來說親近易懂，兩組例子的差別也顯而易見，教師容易說明，學生也容易接受，因此，例子的來源有時可以從深奧的書籍裡尋找。

教師更可將此例進一步發展，將第二組的「傷心」作延伸，進一步補充王后傷心的原因，讓孩子更容易理解：

國王死了，王后哭著說：「你怎麼可以丟下我就先走了？」

不久，王后也死了。

如果教師在課堂的開始，就舉出有趣的例子，作為課堂的開場白，會使學生的精神為之一振。等到正式進入教學主題之前，再舉一個適當的例子，更容易令學生的思考與你的教學主題銜接。

所以，一個好的作文老師，應當在舉例上，多投注一些熱情與用心。

教學幽默化

教學時，偶爾自嘲一下也不錯！還可以適時地化解尷尬。

因為小時候沒有學好握筆姿勢，我的字體一向不夠端正，尤其在課堂上為了趕時間，寫板書的字體時常是扭曲的，以至於背對著學生寫字的我，偶爾都會短暫地羞紅臉。

可是，我又必須善盡老師的職責，提醒我的學生：「字體要端正喔！」似乎是自相矛盾。有一次，我就對學生說：

小朋友，寫字要漂亮一點喔！不然就會像黑板上的字一樣（手指黑板）。

小時候，我的老師對我說：「哎呀！妳長得漂漂亮亮的，為什麼字寫得那麼醜呢？」

我聽了卻很高興，因為老師說我「漂漂亮亮」。

然而我卻沒有把老師後面的話聽進去，所以現在的字就變得那麼醜，只好每天在家裡練字了。

學生聽了，覺得好笑極了！一方面，他們了解我要他們端正字體的用心，一方面，也因為我選擇性地聽老師的話，而感到好笑。當然，從此也沒有人嫌我的字醜了。

對於孩子常寫錯字的問題，我們可以省下責備的時間，將錯字問題轉化為幽默好笑的實例：

小朋友，你們一定有因為寫錯字，而被老師在稿紙上圈起來的經驗吧？中文字是不是長得很像？因為中文字是一個一個的方體字，而且你們不能理解和辨識文字的個別差異，就常會寫錯或看錯。

一則影劇圈流傳的笑話是這麼說的：大陸有一個演員，名字叫作「馬芮」，他的名字常常被看錯。

有一次，馬芮去醫院看病，輪到他時，門診醫生就喊：「11號，馬內！」

接著，他去照X光，幫他照片子的醫生看了一下他的病歷資料，又叫他「馬茵先生」。

接著他去領藥，領藥時，藥劑師連看都不看他一眼，就叫他「馬丙」先生。

最好笑的是，打針時護士看了他的病歷後，竟然哎喲一聲說：「怎麼有人的名字叫作『馬肉』啊？」

小朋友，你們就知道，「錯字」是多麼糟糕的一件事啊！

學生自然笑得前仰後合，對於認錯字所造成的誤會，覺得不可思議。接著，教師就可以開始講解「芮」、「內」、「茵」、「丙」、「肉」等字的差別，並說明辨識形似字的技巧。

教師在教學上運用幽默感，不但能化解師生衝突、拉近距離，製造出輕鬆、和諧、歡樂的課堂氣氛，還能使學生挑戰既有的規範，提升創造力，並能充分理解教師想要表達的教學主題。

舞動肢體語言

誇張的動作抓住孩子的目光

前文提到，作文教學一般被視為靜態的課程，在傳統的教學活動中，教師通常以說話和寫板書的方式，將教學內容傳遞給學生。

事實上，良好的教學活動必須藉助教師的聽、看、說、動等各方面的表達形式，才能吸引學生的注意力，增進學生對課程的學習與記憶。

教師講課的說話語調、神態表情、手勢運用等，皆直接影響學生上課的情緒與課堂氣氛，而「課堂氣氛」更是影響教學的一項重要因素。如果我們總是用平板的聲調來教學，學生將感到枯燥無聊，學習與注意力自然降低，因此教師應該時常改變說話的速度、音調和表情。

此外，教師能否善用肢體語言，甚至將肢體語言與教學主題作妥善的結合，也將影響教學的成效。

標點符號教學結合肢體趣味

以標點符號教學為例，一般的標點符號教學著重練習與使用，教師將標點符號一個個抄寫在黑板，並對學生解釋每個標點符號的定義，或使用填空的方式讓學生練習。有些用心而有才氣的教師，為使學生容易記憶，甚至花心思將每個標點符號，編成許多小故事。

然而這些故事雖然有趣，但學生往往無法從中順利地轉化為記憶，進而正確地使用出來，使得標點符號的學習，不是淪為枯燥的紙上談兵，就是迷失在一個個有趣的故事中。

其實，標點符號教學若能與教師的肢體語言結合，將能幫助學生充滿樂趣地學習，並對於每個標點符號的特性，有充分的了解。

一開始，教師可選擇幾個作文常用的標點符號，並示範每個標點符號代表的語氣與情境，說明人有喜、怒、哀、樂等各種表情，而文字也有表情，標點符號便是文字的「表情」。

如果作文沒有標點，或通篇只有逗號與句號，文章就成了「一號表情」，此時，教師可模仿「面無表情」的樣子。接著反問學生，如果作文沒有標點符號，會變得怎樣呢？

教師可舉例寫在黑板，並分別模仿沒有標點符號時的語氣，及有標點符號的語氣，如：

今天早上我推開窗戶一看哇看到一道彩虹耶（沒有停頓的平板語調）

今天早上，我推開窗戶一看，哇！看到一道彩虹耶！（語氣有停頓與驚歎）

由以上兩組例子的比較，學生便能輕易地理解標點符號的重要，然後教師可開始逐一模仿不同標點符號，所造成句子語氣的各種變化。

教師可選擇內容相似的句子，以不同的說話語調，來突顯不同標點符號所造成的語氣差異。例如教「問號」時，以疑問的語調說：「我們搭公車去上學，好不好？」

教「句號」時，以篤定而明確的語調說：「我們搭公車去上學。」而教「驚歎號」時，以命令、有一點兇的語調說：「我們等一下搭公車去上學！」教「逗號」時，則以停頓一下、話未說完的語氣說：「我們搭公車去上學，或走路過去。」來區分逗號和句號的不同。

而我們教「刪節號」時，可以吞吞吐吐、猶豫的語調說：「我們……搭公車……去上學。」教「頓號」時，則以停頓、計算、數數兒的語調說：「我們可以選擇走路、騎腳踏車、搭公車、坐捷運等方式去上學。」而教「冒號與引號」時，可以說：「媽媽對我說：『上學要記得帶便當喔！』」並說明上、下引號和冒號的位置與用法。

當教師對標點符號象徵的語氣、表情作完模仿與說明後，可出一些題目，讓孩子上台模仿老師，表演不同的標點符號，所造成的不同語氣，在玩樂中加強孩子對每個標點符號的記憶。

這樣的教學方式，使學生對標點的印象極為深刻，經過這堂課，以及教師平日的提醒，學生多能正確地使用標點符號了。

自編故事，配合演出

除了肢體語言，教師也可以自編一、兩個有趣的笑話或小故事，作為課堂的開頭，使標點符號的課程成為令人期待的、有趣的課。每一位老師，都要設法使自己成為優秀的「說書人」。

為引起學生的興趣，故事或笑話的主角，最好是兒童耳熟能詳的，例如：

小朋友，你們知道誰是柯南？誰是小蘭嗎？他們是「名偵探柯南」的男女主角對不對？我們都知道，柯南和小蘭在小學就是同班同學，非常要好喔！有一次，他們放完假回來上課，小蘭偷偷傳給柯南一張紙條，上面寫了一個「？」。

柯南看了，也寫給小蘭一張紙條，上面寫著「！」。

請問各位小朋友，這是什麼意思呢？

此時，學生會紛紛發表他們的猜測，甚至彼此辯論起來，最後教師再公布答案：

原來小蘭是問柯南：「昨天玩得快不快樂？」柯南回答：「太開心了！」

他們怕紙條的內容被別的同學或老師看到，所以才用標點符號來代表。

小朋友，是不是很有趣呢！

這樣的小故事不但有趣，也使學生容易理解標點的使用。現今的學生已不能滿足於傳統的講述法，作文老師必須自行開發多種創意，來抓住學生的心，更要展現教師的個人魅力，使用靈活、誇張的肢體語言、表情及聲調，以吸引學生的目光。

教師的肢體語言在作文教學上，是不可或缺的，傳統的國語文課甚少注意這點，以致給人沈悶乏味的印象。讓學生能全心投入，並對課程充分得到理解與記憶，就端看教師如何將肢體語言與教學主題，作最適當的結合。

不只是遊戲而已！

人與動物都需要遊戲。

我觀察到，我養的貓咪時常在我靠近牠的時候，突然一個「鯉魚打滾」翻身躺在地上，兩隻小小的前腳握拳對著我伸過來，作出拳擊手的挑釁動作，希望引誘我和牠一起玩。

我養的狗也常和我爭奪一條毛巾。通常是我的手拿著其中一端，狗咬著另一端，我們玩著類似拔河的遊戲，這時我的狗喜歡甩動牠的頭部，喉嚨發出「哼哼」聲，我知道牠的目的是遊戲，而不是搶那條毛巾。

這讓我思索一個問題：遊戲真的是為了無聊、為了打發時間嗎？遊戲應該還有練習技藝、培養情感、訓練肌力、宣洩情緒等好處吧！

「遊戲」是孩子的文化

從教學的觀點看，遊戲可以引導孩子發展出創造力、愉悅與快樂的感覺，因此遊戲是學習的最佳媒介，尤其年紀越小的孩子越需要遊戲與活動。

教師可以適時地介入遊戲，負責引導與互動、鼓勵遊戲，使遊戲成為學習的媒介，並透過遊戲，維持孩子的學習動機和興趣。

我們可藉由各種材料，來模擬教室以外的各種情境，如家裡、公園、商店、劇場、城堡、動物園、飛機客艙、蠟像館、海底世界、醫院等環境，讓孩子很快地融入遊戲，充分體驗大人的世界，也可以在活動中加入童玩、猜謎、抽獎、角色扮演、塗鴉、唱歌、感官訓練等，使課堂充滿變化。

即使教導孩子寫遊記，也可以一改傳統教記敘文的方式，帶孩子實際規劃旅遊行程，從決定目的地、路線、訂票、討論景點到繪製地圖，使孩子的寫作內容更有料，這也是訓練孩子生活能力的一種方式。

根據過去的經驗，我發現當我開始在作文教學中使用遊戲，許多孩子便拋棄其他課程如數學、珠算、書法的學習，而來報名上作文。後來補習班最受孩子歡迎的課程便是繪畫課、英文課和作文課，因為這三個課程都令孩子有「寓教於樂」的感受。

講課也很重要！

除了認識遊戲的重要，教師也應該知道，遊戲是教學過程的一部分，並非教學主題。一位補教界十分資深的前輩高志豪老師（全球模考公司執行長）對我說：「講課才是王道！」前輩的話引我進一步去思考。

確實，教師除了會設計遊戲、帶活動外，更要磨練講課技巧。帶遊戲與講課，兩者都是很重要的，必須能穿插使用。有時我們需要講述寫作技巧，有時我們需要遊戲，完全的講課與完全的遊戲，都不是理想的教學方式，因為沒有任何單一的教學方式，可以應用在所有情況。

我們必須明白，遊戲不是上課的目的，也不是任何單元都得遊戲不可。遊戲是教學的過程之一，磨練講課及引導的技巧，同時也是我們努力的方向。

主題式課程設計

課程安排也有起承轉合

作文教學就和其他的學科一樣，需要清楚的步驟與邏輯，有些老師雖然是大學或研究所的中文系畢業，熟知四書五經與詩詞歌賦，本身的專業學養足夠，而且都能寫出好文章來，但若說到「教寫作」，又是另一回事了。

我們都是中文系或語文教育科系畢業，知道自己的中文程度很好，已經了解所學的專業知識，但就是無法清楚地解釋給別人聽，要知道，當我們能將這些知識傳授給別人，才能說是真正了解它，並且擁有這個知識。

美國的小說家安．柏奈斯（Anne Bernays）除文章廣見於《紐約時報》、《華盛頓郵報》、《運動畫報》等刊物，同時也長期從事寫作教學。她談到第一次聽到要教寫作課的消息時，簡直是嚇呆了，不知道該怎麼把每天都在做的事，轉換成課程內容。後來，安．柏奈斯強迫自己開始組織、分類腦中那一堆雜亂無章的小說技巧，同時體認到：大部分的好老師，都有一種戲劇特質，每次的上課就是一場「公開表演秀」。

從安．柏奈斯的經驗可知，安排課程內容需要組織與分類，也意味著需要清楚的邏輯概念。我們為了讓學生容易聽懂，必須將一堂作文課，分割成幾個部分，不只寫文章需要段落結構，課程內容也需要起承轉合。

若以舞蹈為比喻，教師在課堂開始時，對課程主題所作的說明，以及為了效果而講的笑話、故事或例子，就像舞曲的前奏或序曲，可以吸引學生的注意，並緩緩地將他們帶入教學主題。

一次給一個主題

如果您的教學對象是一群小學生，我不建議在短短的一堂作文課，同時教授多種修辭方法或技巧，這樣如同在一輛小汽車塞進二十個人，超過正常承載量的數倍，程度較低的孩子，將無法在一堂課當中，同時吸收及記憶多種知識。

教師可視學生的程度，選擇一種或兩種寫作技巧，成為一堂課的主題，在這次的作文課中說明該技巧的幾種變化，並讓學生立刻練習造句，或進行與主題相關的活動，以加深印象。

若是礙於教學進度，必須於期限內完成，而不得不一次教授孩子多種知識，建議您可選擇其中一、兩種技巧，深入說明，其餘數種則作概述即可。

教學活動有如樂曲的高潮

教師說明教學主題後，學生對於所學的寫作知識，有了基本的認識，此時如同樂曲進入了高潮，教師可開始進行與主題相關的教學活動，這也是學生最興奮期待的時刻。

教師可利用遊戲、音樂、繪本、影片或各種工具，來進行教學活動，但須與教學主題有直接關係，以教學為目的去發展活動，否則就只是「玩」而已。

學生面臨寫作的最大問題，就是靈感

的缺乏，也就是缺少寫作材料，發展教學活動還可以幫助學生找尋靈感，作文題目也應與教學活動有關聯性，學生才能在完成活動後，得到寫作的靈感。

命題不以「為難」為目的

作文的命題關係到學生對作文的掌握，好的命題容易使學生掌握重點，也較容易運用所學，寫出好的文章。

作文命題應以淺顯而具體，明確而不抽象為原則，因為年紀小的孩子尚無法理解抽象事物，也無法提出個人見解，因此以抒情文或記敘文為主，高年級的孩子則可嘗試撰寫論說文。

命題的範圍則宜以生活經驗為主，盡可能在課堂為孩子回憶舊經驗，或創造新經驗，例如讓孩子試吃食物，以建立或喚起味覺經驗，作文題目便可命為「水果的滋味」或「難忘的饅頭香」等。

命題也宜以學生的生活圈為主，如「我的校園」，帶孩子在校園觀察，提醒他們平常容易忽略的事物。學生面對熟悉的生活環境，寫作有足夠的材料，作文便容易發揮。

教師在命題上，應以協助孩子寫作為目的，而非為難孩子。

每堂課都有要表達的主題

教學活動結束後，就進入課堂的尾聲，也就是對作文題目的解說，之後學生開始寫作，教師則巡視指導，課堂氣氛由動態轉入靜態。

下面以坊間作文班九十分鐘的上課時間為例，說明教學內容的安排：

教學內容安排圖表

教學安排	教學安排
A 說明寫作技巧	10-15 分鐘
配合學習單	10 分鐘
B 教學活動	15-20 分鐘
配合學習單	10 分鐘
C1 解釋作文題目	5-15 分鐘
C2 作文	30-40 分鐘

基本上，我們可將課堂分為A、B、C三個部分。

A是對學生講述本課的主題，內容可以是故事、例子、笑話或寫作知識，說明後再配合學習單的練習，以確定孩子對學到的寫作技巧，已有基本認識，也可以在B的教學活動結束後，再進行學習單的練習。

B為與A部分呼應的教學活動，藉由活動與遊戲，幫助孩子尋找寫作靈感及素材，最後C部分才是說明作文題目，和段落安排的技巧，讓孩子開始寫作。

如此，將教學主題、教學活動、作文結合成一個整體的課程，就是主題式課程設計。當然教師也可以視自身的教學需要，作適當的調整或變化。

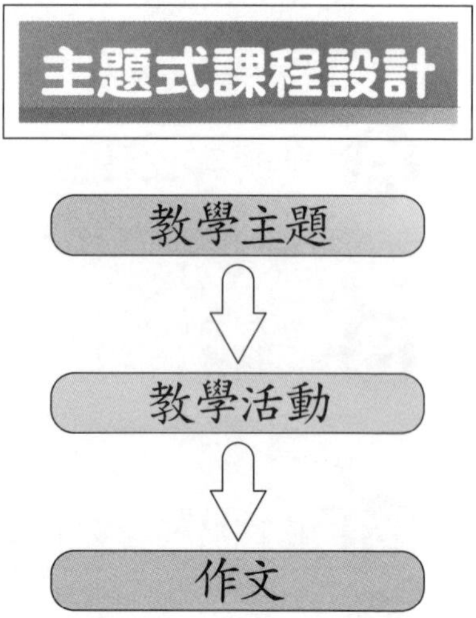

「配合學習單」是為了協助孩子，練習學到的寫作技巧，也可以協助孩子按步驟建立文章結構，便於最後的組織成文，但並非每次作文都需要使用學習單，教師可依照課程需要，來決定學習單的使用與否，自由支配每個部分需要的時間。

動態的作文課，就像教師與學生一起在教室裡，愉快地翩然起舞，而非專屬於教師的單人舞；教師又像個指揮家，帶領孩子揮灑出悠揚美妙的文字旋律。

課堂開始時，教師帶來有趣的例子、故事與笑話，如同悠然的樂聲揚起，讓學生情不自禁地沈浸其中。當教師帶領學生展開教學活動，學生也將一起隨著活動的節拍起舞。最後，熱情的氣氛在歌聲音影中逐漸遠去，歸於舒緩沈靜的尾曲，將課堂所獲得的經驗與知識轉化為文字，寫出一篇篇動人的文章。

多方接受刺激

不時與繆思女神共舞

《遠見雜誌》在二〇〇七年一月號說：「現在，最紅的人才不是管理人才，而是創意人才。」創意人才出現在台灣社會的各個角落，各行各業都有創意的需要，教育事業亦然，作文教學尤其需要創意，因為寫作本身就是一種創意的活動。

但是，教學的創意從何而來呢？

一個有企圖心的作文老師，就像作家或其他創意工作者，難免遇到靈感枯竭的時候，我們應該時常讓自己暴露在一些刺激當中，尤其是知識性刺激。

所謂知識性刺激是指：以知識增加的方式去尋找靈感，促使個人成長。例如，當我們聽到一首流行歌曲的歌詞，就突然有了試卷命題的靈感，流行歌曲作詞家方文山的詞，就經常出現在國文試題中。有時當我們看了一段影片，聽到某人的談話，靈感就突然發生了，許多廣告詞也是國語文教學的材料來源。

我們應該讓自己時常有創造靈感的機會，這需要時常閱讀，感受生活，並勇於嘗試新的技能。

廣泛閱讀「怪書」

這裡的「怪書」沒有不敬的意思，指的是以特殊的寫作方式寫成的書籍，以及非中文專業的書籍。觀察這些書籍特殊的寫作方式，可學習作者是如何地觀察事物，如何以各種角度了解自己的專業，而閱讀其他領域的書籍，則能拓展我們的視野。

我們若僅閱讀自己的中文專業知識是不夠的，那會使思考變得單調。

我們可藉由接觸其他領域，讓自己離開原來的模式，才能打破框架，以不同的角度去思考事物。我們必須要廣泛閱讀，不能只懂自己的專業領域，因為許多事理存在互通性，可以觸類旁通。

中文系的我們，時常被批評躲在象牙塔裡，或睡在古人的經典裡。面對這些不友善的批評，我們聽了難免躁動，但可以不去理會，我們必須設法避免陷在自己的框框裡，避免它成為一種習慣。

我們的廣度必須要夠，藉著閱讀不同領域的書籍，變化思考模式，讓自己能擺脫固有的習慣，對於我們的教學生涯，一定會有幫助。

原來創意是可以學的

想要藉由創意解決問題的人，不可不讀談論創意的相關書籍。這兩年，創意類書籍大行其道，成為書市的主流，告訴我們：原來創意是可以學的，因此人人都想學創意。其中，劇場大師賴聲川的《賴聲川的創意學》，與大師文化發行的《大師輕鬆讀——發明大王不必是天才》，會是一個很好的選擇。

天下雜誌出版

賴聲川，《賴聲川的創意學》

賴聲川的《賴聲川的創意學》以自己的經驗，分享他的創作歷程。書中的創意金字塔將創意學習分為「生活」和「藝術」兩部分，帶領讀者分別進行兩種性質不同，但功能相連的學習。

大師沒有提供任何速成的方法直達創意，卻能讓讀者從他的創作經驗中，間接地了解創意，同時也進一步了解自己、誠實地面對自己。這是一本人人都可以讀、人人都應該讀的好書，筆調幽默，沒有生硬的、學術化的論述，而是充滿了對人性的沈思，揭示創意的神祕面紗，使讀者對阻礙創意的種種因素，有更深刻的認識。

大師文化發行

安格魯．哈格頓，《大師輕鬆讀——發明大王不必是天才》

《大師輕鬆讀——發明大王不必是天才》告訴我們愛迪生不是天才，他的不斷創新，是因為能巧妙組合現有的東西，產生令人驚豔的結合，成為更新的創意發明。所以天才是可以訓練的，人人都可以成為天才。

書中提出重組式創新（Recombinant Innovation）的思維，說明這些被視為天才的人物，省下追逐原創發明的時間，把各種已問世的生產元素，重新組合為現有的各項技能，而創造出時效性更強的創新發明。

注意語言的共性

語言具有互通性，不論中文或英文，都有標點符號與詞類，我們可以從外國人對他們語言的討論，來觀察自己的母語，並作不同角度的思考。《教唆熊貓開槍的「，」——一次學會英文標點符號》、《字母餐》與《英文文法聖經》以生活化的方式，從街頭的標語、報紙的標題或菜單上的英文單字，探討英文的問題及背後的文化意義。

如何出版

Lynne Truss，《教唆熊貓開槍的「，」——一次學會英文標點符號》

你若看膩了「如何學習標點符號」這類書籍，感到太枯燥乏味，不妨閱讀 Lynne Truss的《教唆熊貓開槍的「，」——一次學會英文標點符號》，書中列舉許多誤用標點符號造成的笑話，既實用，又幽默，可作為您教學的參考。

作者認為對標點符號最佳的詮釋，是一家報社提出的忠告，說標點符號是「一種禮貌，用以幫助讀者不受困擾地了解一個故事」。使標點符號變得具有人性，因為文章加標點是「基於助人的精神」，防止作者與讀者之間發生誤會。此書儼然為標點符號建立起一套「標點哲學」了。

網路與書出版

Matt McCabe、朱衣，《字母餐》

你可以從Matt McCabe與朱衣的《字母餐》，學習如何從語言觀察一個國家的文化，並對自己的語言與文化有不同角度的觀察。其中，作者提到英文的「早餐」breakfast其實是break（打破）及fast（斷食）兩字的組合，也就是斷食一整夜之後所吃的早餐，意即「打破斷食」。

斷食是為了紀念耶穌在曠野斷食四十天所受的苦，久而久之，宗教的意義已淡化，只剩下象徵意義，英文中這種由兩、三個具各別意義且未經演變的字組合成的新字叫「合成字」（compound word或combining word），此外還有「楊桃」starfruit、「海星」starfish、「有聲書」book-on-tape、「扒手」pickpocket、cutpurse等。

中文也有類似的情形，例如：歪（不正）、甭（不用）、孬（不好），另外像「戔」字有「小」意，屬於同源字的「淺」指顏色淡、「棧」指小旅社、「錢」指小單位的貨幣、「殘」指小缺陷、「箋」指短箋等小字條、「賤」指小看別人。

我們在閱讀英文時，可以與中文的特性相互印證、聯想、比較，進而得到語言文字方面的心得。

Michael Strumpf、Auriel Douglas，《英文文法聖經》

如果你想要了解詞類和句子，除了《漢語大辭典》，還可以試著閱讀英文文法書籍。Michael Strumpf與Auriel Douglas的《英文文法聖經》是個不錯的選擇，書中的解說口吻輕鬆幽默，比喻奇特，具有參考價值。

作者提到，句子包含主詞與述語，主詞是句子的主角，通常是人稱或名詞，述語是句子中描述動作或存在的部分。他設計「圖解句子」法，幫助讀者寫出完整的句子，此法也可以用於中文造句的教學上，變化為重組句子、拉長句子、縮短句子等教學方式。

教科書沒有講的，這裡有！

教科書總是以嚴肅的、學術化的語言傳授知識，重視資料的豐富性，但描述生硬、制式化，重視理論的說明與研究成果，但遠離生活經驗，造成知識與人的遠距離。你可以閱讀《漢字的故事》、《作家談寫作》、

《小說的五十堂課》等書，教科書沒有講的，可以從這裡找到，讓知識與你「零距離」。

貓頭鷹出版

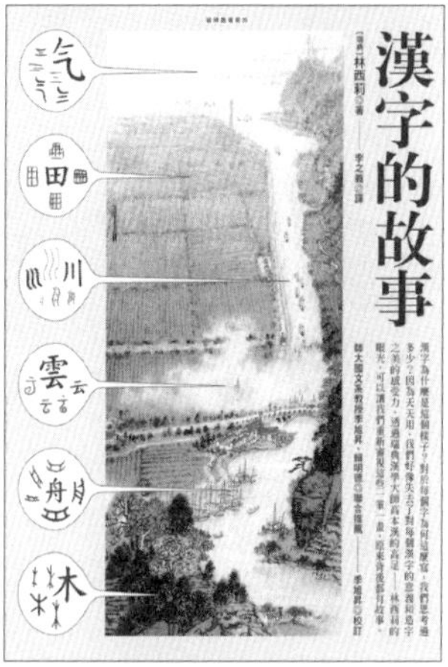

林西莉，《漢字的故事》

瑞典漢學家林西莉的《漢字的故事》，著重講述文字的「故事」，深入淺出，不採用學院式的論文寫法，從考古、社會、民俗、藝術、生活等各層面，探討漢字的起源與發展，對於中文教學極有助益。

例如我們要介紹「冊」這個字給小朋友的時候，可從這本書尋找竹簡的製作過程，竹簡使用的歷史，還有文房四寶的筆、墨，在古代與現代的使用，讓孩子對文字的結構與歷史背景，有深刻的了解。

麥田出版

John Darnton編，《作家談寫作》

John Darnton所編的《作家談寫作》，蒐集多位知名作家談論寫作經驗的文章，有的作家身兼寫作教師或劇作家，他們在文中暢談寫作與工作的種種，及靈感的來源。

其中美國非裔的推理小說作家華特·

莫斯利在文中提到，時常聽到人說：「我知道我心裡有一部小說，可是，我要怎樣才能將它說出來呢？」華特．莫斯利的答案是：「天天練習。」因為：「創意就像生命一樣，總是不斷從你身邊溜走。」書中的每一篇文章，皆足以啟發我們的學生對寫作的看法。

木馬文化出版

David Lodge，《小說的五十堂課》

當代文學評論大家大衛．洛吉（David Lodge）的《小說的五十堂課》，從美學入手，筆調輕鬆幽默，道出小說的文學技法及小說哲學，每一種小說技巧均以經典小說片段完整舉例，方便讀者印證。

書的內容雖是關於寫作技巧的嚴肅主題，卻以故事情境出之，《英國金融時報》稱其：「學術內涵，人性呈現。」讀者可從中學習文學的各種賞析方法，不論在自我充實或教學上，都能讓讀者獲益良多。

遠流出版

蔣勳，《美的覺醒》

不同於一般修辭學的教科書，只談論

五感的摹寫技巧，蔣勳的《美的覺醒》以美學的觀點暢談眼、耳、鼻、舌、身等感官之美，並藉由文字學、四書五經、古典詩詞、色彩心理學、自然科學、歷史等，加上作者的生活經驗，旁徵博引，帶領讀者經歷一場感官之旅。閱讀此書有助於我們引導孩子訓練「五感」，發展孩子的感官知覺，以加強寫作能力。

隨時充電，蓄勢待發

如果你是個用功勤奮的老師，不想停止學習的腳步，急切地尋找聰明的學習方法與教學法，那麼Sebastian Leitner的《用功知道》和Colin Rose與Malcolm J. Nicholl的《學習地圖》，可以幫助你進行個人的學習革命，改變舊有的學習態度與積習。

網路與書出版

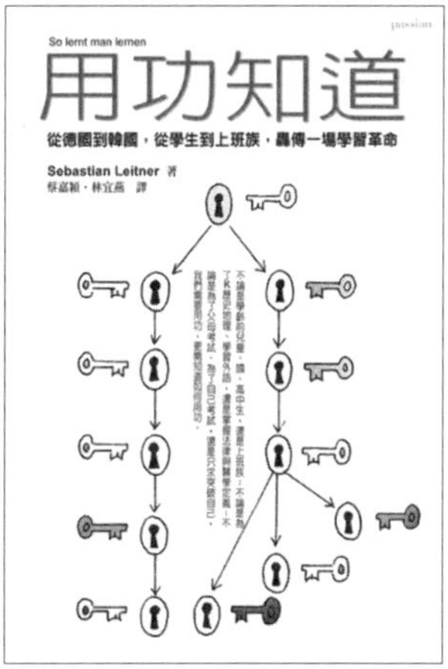

Sebastian Leitner，《用功知道》

《用功知道》的作者萊特納（Sebastian Leitner），在一九七〇年代提出「學習卡片箱」的學習系統，教我們製作學習卡片，把想學的資訊寫在上面，放在學習卡片箱，利用重複閱讀與搜尋卡片資料的行為，來增強我們的記憶力。

書中教我們如何提升學生的學習興趣，如何利用視覺與聽覺來教學，如何讓死板的書寫資料，經由教師的轉化，對學生造成心理上的刺激，使學習變成愉快的經驗，提供從事教育的我們許多寶貴的意見。

Colin Rose、Malcolm J. Nicholl，《學習地圖》

Colin Rose與Malcolm J. Nicholl的《學習地圖》，告訴我們如何學習，以及如何教別人學習，更是教師們充電的法寶。

作者提出「學習地圖」的概念，教我們製作充滿視覺效果的學習筆記，它的功能就像記憶圖，圖的中央描繪的是思考的主題，次要或進一步的資訊則形成各個分支，向外圍擴散出去，這種學習法可以讓關鍵資訊一目了然。我們也可從書中提供的教學法，學習與觀察西方人對兒童教育的觀點與思考。

當然，除了以上的書籍，還有許多好書正等著你去發現。

用心感受生活

生活是一切創意之源。

一個追求創新的人，永遠在渴求體驗，並且期望充分經驗多元的生活方式，他們用「生活美學」來看生活，閱讀生活，品味生活。

追求創新的人急切地想與生活對話，他們關心流行文化，但堅決抗拒毫無智慧地引用，或種種拾人牙慧的行徑，他們只願傾聽自己內心的聲音。

也許有人認為他們太過自我，但再也沒有人能夠像他們這樣，將生活砂糖放在舌與齒間，等它慢慢溶化，然後流入心底，順利地進入腦中的靈感儲藏室。多數人總是將「生活」快速吞入肚裡，忘記靈感也像我們的生命一樣，會不斷流逝，直至消失。

這群人已經能克服「單調乏味不耐症」。

這症候往往在你渴求安定、秩序與傳統時，在你畫一個框框將思考限制住時，迅速地熄滅我們腦中僅有的創意星火。

每個人都有可能罹患此症，因為傳統是最安全的生活方式，它深植你心，要突破並不容易。我們唯有細心留意生活中發生的所有小驚喜，某一天，這些小事就會集合成為你的創意來源。

體驗生活並非要花大錢，從平凡中發掘不平凡處，才能得見創意人的不凡慧眼。

我們應當用心感受生活中的事物，一片落葉，可以是生命的萎落，也可以象徵生生不息，不如改換一個角度、觀念去看待，創意將隨之而來。

十八般武藝與七十二變

曾聽過有作文老師說：「現在當老師真不容易，得十八般武藝樣樣俱全！」言外之意似乎說「過去」當老師很容易，不必想太多花招去抓住孩子，或是說：「想當年似乎不必教得這麼累。」其詞若有憾焉。

其實過去或現在，都有非常認真的老師在從事教職，只是資訊的氾濫、文明的進步，使得我們的教學對象，也就是這群孩子的胃口被養得很大。單調的講課方式、簡單的教具，已經不能滿足他們，而教育界倡導的「統整教學」概念，更是逼得教師什麼都要會一點。

教育部於八十七年公布「國民教育階段九年一貫課程總綱綱要」，其中特別強調：「學習領域並非學科，而是學習的主要內容，教師要實施統整的、主題式的合科教學、協同教學，使學生獲得完整的知識和生活經驗。」並提倡多科統整課程，統整表面上看起來毫無關係的科目，目的在協助教師與學生，建立學科知識與日常生活的聯結。

如此，作文課的上課方式就變得十分精采了，可以加上美勞，讓學生先畫一幅畫，然後像說話課一樣口述圖畫的內容，最後在作文課用文字寫出來。國語課也可以加入音樂、唱遊、肢體活動等，或是加入自然課的做法，乾脆帶著小朋友離開教室，認識校園裡的花草樹木，觀察天氣的變化，再回到教室進行紙上作業。

這樣的統整概念意味著：教師得熟悉其他科目的上課方式，以及多學一點才藝。雖然這需要承受追逐新知的苦，但絕對值得追求個人成長，對中文教學熱心奉獻的你、我，付出時間與汗水，一起努力。

教師充滿創意的上課方式，就像孫悟空的七十二變，層出不窮的變化，將令學生回味無窮，永不厭倦。

組成課堂
的九個小螺絲釘

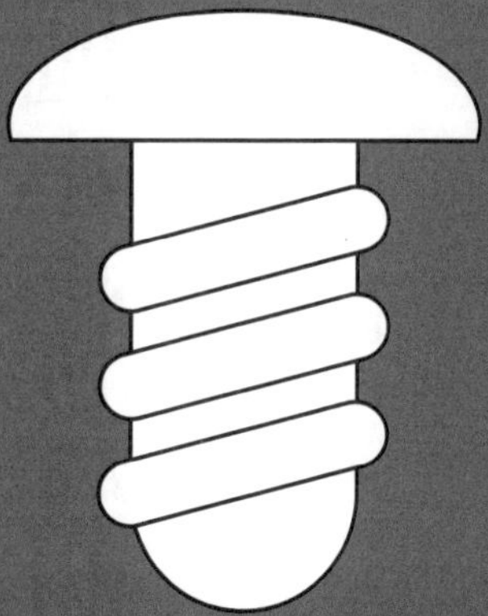

組成課堂的九個小螺絲釘

這九個小小的螺絲釘，在本書的作文課堂裡扮演著重要角色，缺一不可！它們分別是引言、教學目標、教學準備、教具製作、教學活動、活動精靈、配合學習單、範文、倉庫與盒子。以下分別一一介紹：

引言——

本書在每堂課的開頭都有一小段「引言」，說明該課程使用的教學理論與方法，或是闡述教學主旨、分享教學的心得，讓您掌握本課的教學主題，作為您閱讀前的準備階段。

教學目標——

本書為每堂課設定教學目標。主要使學生具有表達思想情感的寫作能力和興趣，能認識並熱愛寫作，培養學生對審題、立意、選材、組織等基本能力，養成各種寫作技巧的基本能力。

教學準備

在此列出課堂應準備的教具，並以「教學內容規劃表」，說明課程進行的層次安排，讓您對課程的每個細節一目了然，方便日後的規劃使用。

教具製作

這裡有製作教具的文字說明與圖示，逐步解說教具的製作步驟與過程。本書所選用的材料，均以最經濟、能就地取材為原則，讓您輕鬆地完成這些教具。

教學活動

活動是課堂的主體，此處安排遊戲與活動，建立歡樂的教學氣氛與刺激學習成效。教學活動分為前奏、主曲與尾聲。

前奏是活動開始前的引導，通常講述教學主題，並為下面的活動作準備。

主曲是活動或遊戲，本書以對話的形式來呈現教學狀況。有別於坊間同類書籍的簡略，讀者可由這些對話找到問話引導的技巧，並由學生們可愛的回答，得到許多教學靈感。

尾聲是學生寫作文的時間，在此本書提供範文給教師與學生參考。

活動精靈

這是對教學活動或配合學習單的補充說明，並針對教師執行活動時可能遇到的狀況，提出解決的建議。

配合學習單

本書視課程的需要設計「配合學習單」，並將空白的學習單、範文與相關圖片、音效檔案附於光碟，以便您教學之用。

範文

教學活動尾聲有作文範文的設計，每篇範文都與課程內容有密切關聯，內容兼具幽默與童稚的天真，讀者可從中得到閱讀的趣味，並與孩子共同欣賞討論。

倉庫與盒子

本書在課堂後附有字庫或詞庫，以便您在教學時參考使用。

第三課製作「悅耳的聲音盒子」，蒐集各種常見的擬聲字與狀聲詞。

第十一課製作「中文的『疊』體字」與「疊字倉庫」，蒐集常見的「三其文」的中文字，及作文常用到的疊字。

十三堂作文創意教學課程

課程名稱	教學方法
1 啟發想像力 小魔女雲兒	心智繪圖、夾心繪板、角色形象樹
2 描寫觸感 快樂恐怖箱	說故事、觸覺修辭指導、觸摸恐怖箱
3 描寫聲音 汪喵哞咩大合唱	認識狀聲詞和擬聲字、聆聽各種聲音、聲音辨識測驗
4 描寫動作 默劇的演出	認識動詞、表演默劇、觀察動作
5 誇大法 吹破牛皮也不怕！	童話引導、吹牛大賽、抽抽樂
6 譬喻法 我爸爸像……	認識譬喻修辭、閱讀繪本、問答引導
7 擬人法 橡皮擦的心事	認識擬人修辭、角色扮演、問答引導、小組討論
8 建立結構概念 海邊露營記	認識文章結構、排列組合圖片
9 記敘文 教室的旅行	認識記敘文、虛擬情境、周遊教室
10 抒情文 奇妙的情感世界	認識抒情文、測試情緒反應、藉物抒情的聯想地圖
11 疊字修辭 疊疊不休的中文字	認識疊字詞、疊字與感官、疊字組合遊戲
12 戲劇編寫 遇到壞人的時候	認識劇本、童話引導、師生共同創作、表演話劇
13 記憶遊戲 爸爸的姐姐是誰？	說故事、觀看親屬關係圖、記憶遊戲

第一課

啟發想像力

小魔女雲兒

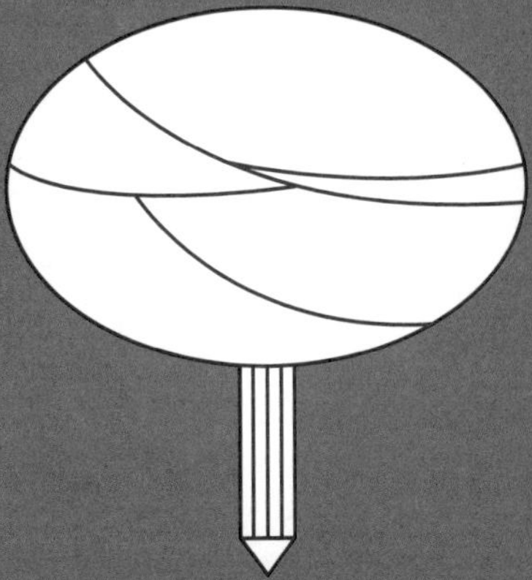

第一課

啟發想像力
小魔女雲兒

今天的這堂作文課，我們將採用「心智繪圖」，來引導學生的想像力與聯想力，作文的主題設定為千變萬化的「雲」。

在天氣允許下，我們可以帶著孩子到戶外看雲去，利用戶外教學的機會，讓孩子實地觀察雲的變化，這種學習乃結合了知識、觀察與實作。

進行戶外作文教學之前，教師可先將教學主題會用到的寫作技巧，先行講解或複習，讓學生在戶外體驗時，能很快地進入狀況，而不是「出去玩」而已。

寫作技巧的說明，主要以譬喻、擬人、誇飾等修辭法為主，且為配合教學主題「雲」，還要帶領孩子對雲的形狀、顏色作深入的觀察與描述。

戶外教學的實行，除了需要教師與其他人員、家長的配合，更需要有個好天氣，天時、地利、人和均配合，才能按照計畫，圓滿完成教學活動。

但有時天氣實在難以掌控，雲也不是那麼有變化，沒風的時候，它偏偏就是很單調，要不就是無雲的晴天，那該怎麼辦呢？加上教室附近，未必有適合看雲的地點，更增加教學上的困難。此時，本課設計的「夾心繪板」，就是很好的教學工具，能將小朋友的想像化為具體，並與他們共同討論。

「夾心繪板」是個可以隨時畫圖，又可立刻擦拭乾淨的道具，雖然我們得準備透明檔案夾，或透明的壓克力板、雲的圖片等材料，但看在可以反覆使用的分上，這麼做是值得的！

我們可以在戶外一邊看雲，一邊使用繪板，比單純在戶外看雲更有趣。除了可使用在教學活動，父母更可以在家裡自製使用，帶著您的小孩，一起來玩聯想。

教學目標

❶能夠啟發學童的想像力與聯想力。

❷能將腦中想像出來的圖像實體化。

❸能準確地將想像到的情境口述出來。

❹能將所學到的詞語和想像，運用在作文上。

教學準備

教具：透明檔案夾（也可用透明的壓克力板）、雲的圖片、油性萬用筆。

教學內容規劃表：

教學主題	啟發想像力
說明主題的前奏	來玩玩「心智繪圖」
教學活動	塗塗抹抹：雲的夾心繪板
配合學習單	小魔女雲兒的形象樹
解釋題目	小魔女雲兒
作文	作文

教具製作

名稱：雲的夾心繪板。

材料：

❶A4大小的透明檔案夾一個，或透明的壓克力板二塊。

❷雲的圖片數張。

❸油性萬用筆一支。

❹棉布一塊，也可用衛生紙代替。

製作步驟：

❶將一張圖片夾在透明檔案夾中間，用迴紋針固定在檔案夾上，以免位移。

❷若使用壓克力板，同樣將圖片夾在兩塊板子中間，並用夾子固定。

說明：

❶本課所使用的圖片，可由教師自行拍攝或蒐集而來。

❷教師使用夾心繪板時，可一邊講解、發問，讓學生回答，並將學生對雲的形狀構想，畫在繪板上。結束後，再用衛生紙或布擦拭乾淨，繼續畫下一張圖。

❸本教具可使用在任何需要形狀聯想的課程。

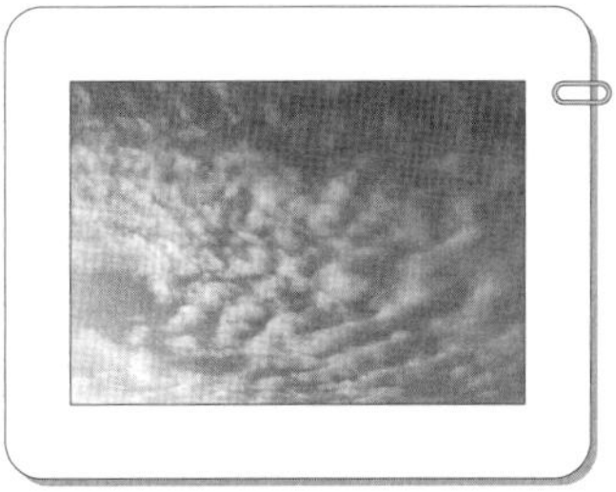

▲夾心繪板

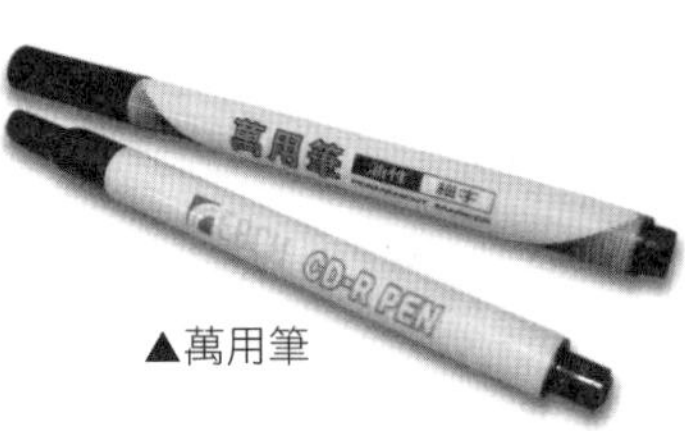

▲萬用筆

教學活動

一、前奏

來玩玩「心智繪圖」

在這個部分，教師可帶領兒童玩玩「心智繪圖」。

心智繪圖，又叫作心智地圖、心像圖或心智圖，可以將我們對事物的聯想，用樹狀圖或分類圖的形式來表現。聯想的心智繪圖，可用來進行對事物聯想的腦力激盪，如果使用在課堂，可刺激學生的反應力、聯想力及想像力。

心智繪圖的繪製方法，首先是在黑板上寫出或畫出題目（即聯想的主題），再從主題將有關聯的事物分支出來，最好多使用關鍵的動詞和名詞，而不用完整的句子，關鍵詞可用文字或圖畫來代表。

小朋友最喜歡上台畫圖，教師可讓小朋友將他們的聯想，用文字或圖畫的方式畫在黑板，並鼓勵孩子發揮視覺的想像力，全班一起製作創意的心智圖。

教師先示範一次，然後提出幾個名詞，讓學生舉手搶答，說出自己的聯想，並說明理由，然後將學生的答案寫在黑板，一一相連起來，形成鏈狀圖。

例如，題目為「巧克力」，學生便從巧克力聯想到情人節，再聯想到情侶、結婚、小孩子、上學等等，可無限制地想下去。

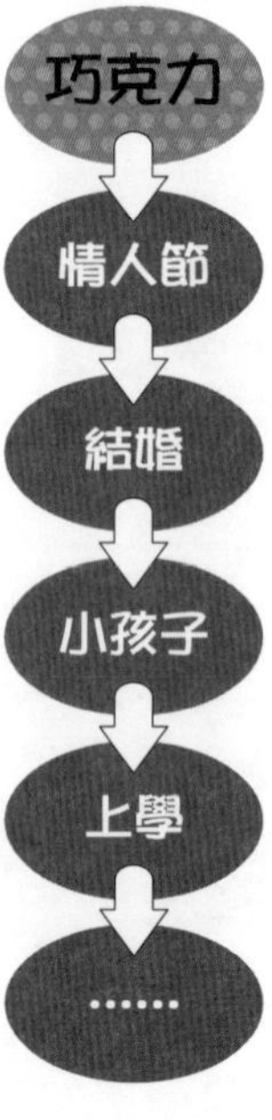

以上為直線聯想，也可以作放射狀聯想。例如題目為「鉛筆」，有的學生一下子就聯想到「寫作業」，有的人則想到「橡皮擦」，形成不同方向的思考，但有時會有交集。見左圖：

在想像力寫作的教學中，我與學生曾將黑板畫得滿滿的，十分有趣。教師將繪製心智圖變成一種共同遊戲，可以幫助孩子建立聯想的能力，學習直線、雙線或多線的思考方式，開啟孩子多向思考的能力，激發無限的潛能。

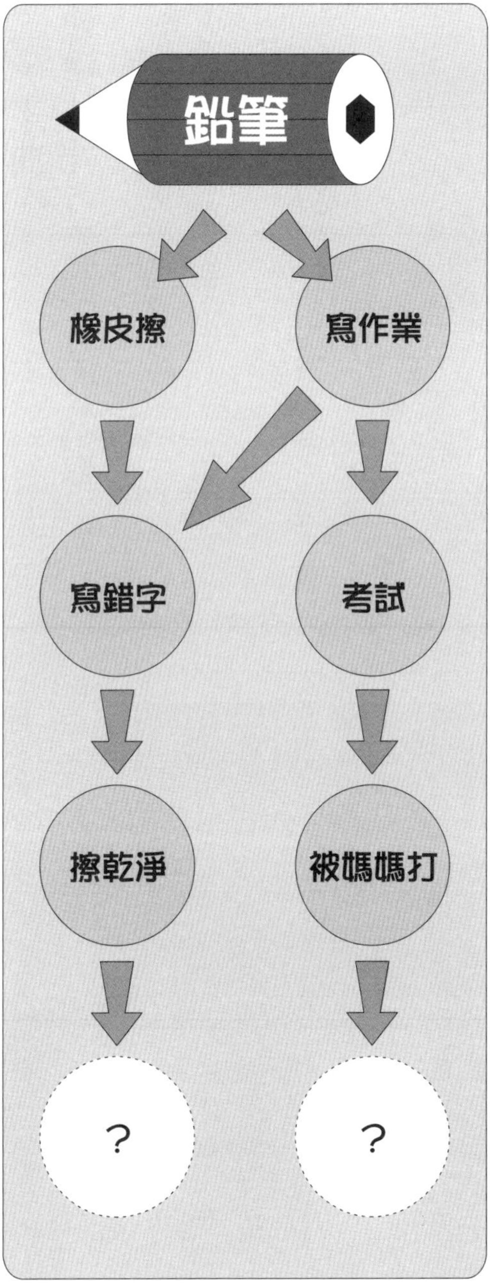

二、主曲

塗塗抹抹：雲的夾心繪板

教師拿出「雲的夾心繪板」，將雲圖夾入繪板中，開始講解。

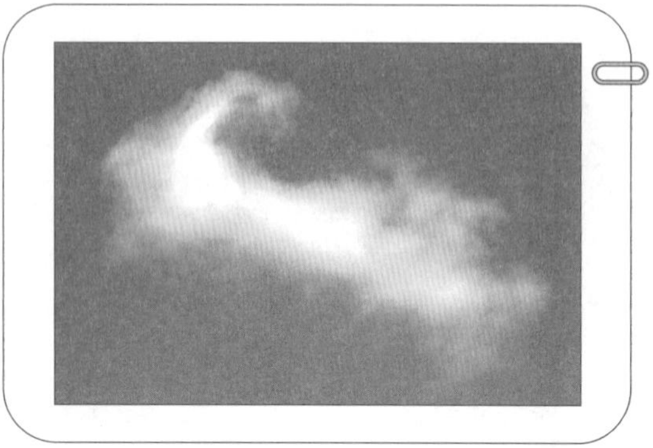

老師：小朋友，你們覺得這張圖上的雲像什麼呢？

學生：像一隻兔子！

老師：真的嗎？那老師把兔子的眼睛、耳朵、尾巴和身體，畫出來給你們看好不好？

老師：你們看，圓圓的是兔子的眼睛，長長的是牠的耳朵，這是牠的後腳，這是前腳，是不是很像正在彈跳的樣子？

學生：真的很像呢！

老師：（將兔子擦掉）那麼，如果我們把雲顛倒過來看，會變成什麼樣子呢？

學生：我知道！就像我們遠遠的看到一匹正在奔跑的馬。

老師：這位小朋友這樣講，讓我們想像不出來，你可以把你心目中的馬描繪出來嗎？

學生上來畫馬。

老師：大家有沒有發現，這位小朋友一畫出來，這片雲突然變得很像一匹馬耶！你們看，這裡是馬兒長長的嘴，長長的脖子，這是牠的耳朵，下面的部分是牠的腿。你們的想像力真好，老師覺得比較像跳舞的馬耶！讓我們再把圖顛倒一下，看看還能變出什麼東西來！（將畫好的馬擦掉）

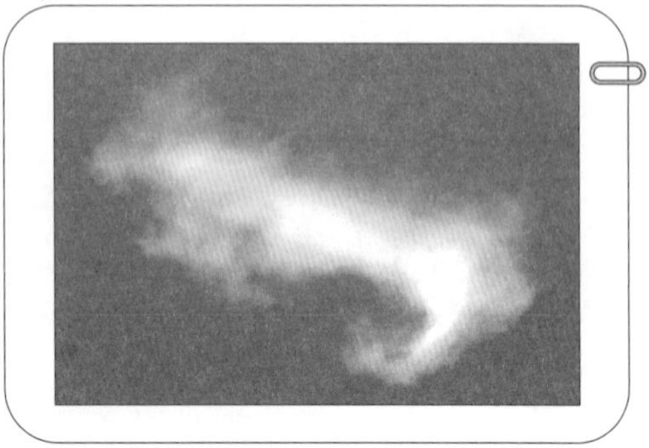

學生：哇！這樣又很像老虎了。

老師：這位小朋友的想像力真的很豐富，老師都沒有想到呢！你可以上來畫給大家看嗎？

學生上來畫出老虎。

老師：小朋友真的很細心，還幫老虎畫上花紋。（將畫好的老虎擦掉）最後再讓我們顛倒一下圖片，你們看到了什麼呢？

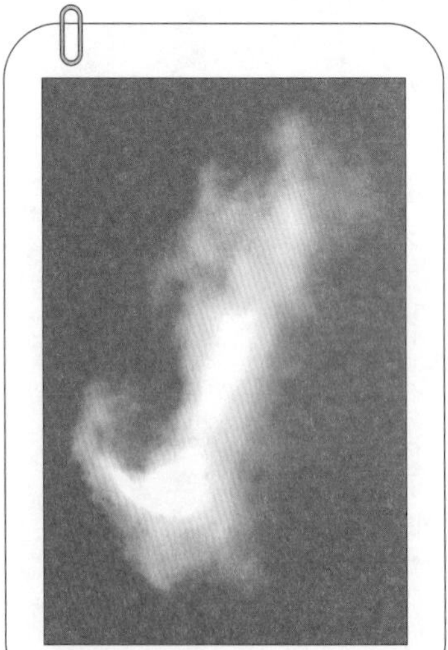

學生：咦？這是一隻海馬啊！

老師：為什麼呢？

學生：因為牠的尾巴勾起來了，身體直直的，頭也像馬的樣子，還有嘴巴呢！

老師：可以請你上來畫給大家看嗎？

學生上來畫出海馬。

老師：小朋友把海馬身上的線條畫出來了，畫得好可愛，你們真的太厲害了！讓我們繼續看下一張圖吧！

活動精靈

❶ 教師可依照活動時間來衡量圖片的數量，但最好能多準備幾張圖備用。

❷ 多鼓勵學生上來畫圖，畫完再加以解釋，並與學生互動討論。

❸ 一張圖可從上下左右四種角度，來想像雲的變化。

配合學習單範例

小魔女雲兒的形象樹

小朋友，「小魔女雲兒」是雲界的女神喔！擁有神奇的法力。你能想出雲兒有什麼樣的法力呢？她的個性是怎樣？請用下面的「形象樹」，把你想到的都寫出來吧！

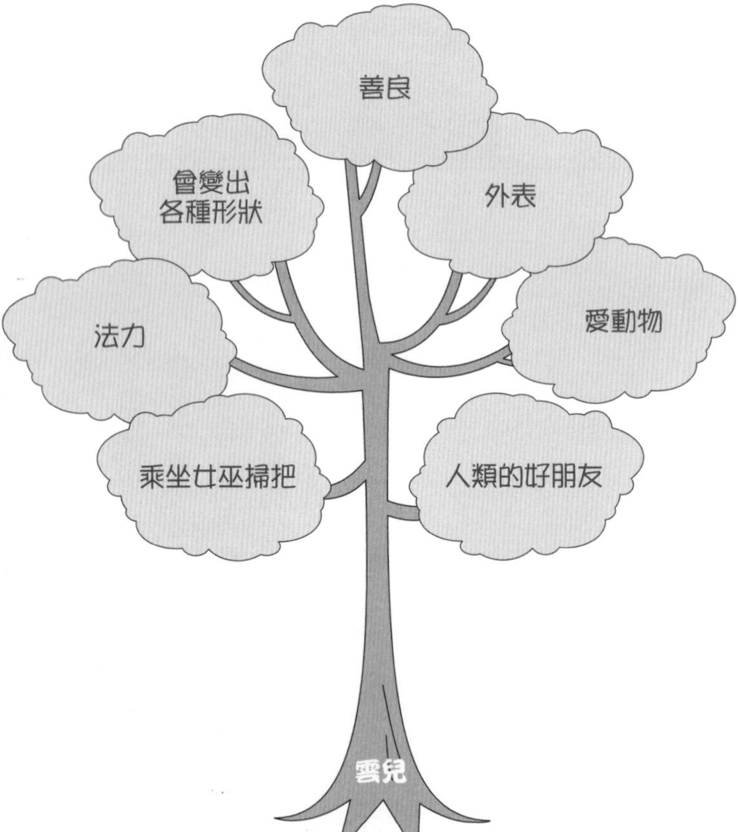

活動精靈

❶「形象樹」幫助孩子找出小魔女雲兒的個性、法力，甚至長相、穿著等等，是人物描寫技巧的變化。

❷教師也可將形象樹的練習，擴大到全班的共同活動。首先，在黑板畫一棵大樹，發下圖畫紙給學生，讓他們設計自己喜歡的蘋果圖案，再將蘋果剪下來。在蘋果上面寫想像的雲兒的個性、法力、長相、穿著等，選其一即可，讓學生將蘋果貼在黑板的樹上，共同討論。

❸學生在寫作文時，可參考形象樹組合出來的小魔女形象，寫出自己想像中的小魔女雲兒。

三、尾聲

作文

❶公布作文題目：小魔女雲兒。

❷解釋題目。

❸開始習作，教師巡視指導。

小魔女雲兒

雲兒是個調皮的小魔女，她的魔術棒，可以變出各式各樣的圖案，她乘坐的掃把，比哈利波特的「光輪兩千」還要迅速。

雲兒的個性非常善良，時常幫助水神

吹起雪白的浪，滿足他的表演欲，幫助土地公公滋潤乾燥的大地，為他擦上護膚水，也幫助太陽公公遮住他的紅臉，以免人們見了他，就躲到屋簷底下。

雲兒也十分愛護動物，在雲的世界裡，到處可以看到各種動物跑來跑去：有兔子一跳一跳地，嘴巴還叼著蘿蔔，有老虎翹著尾巴，正在追趕牠的獵物，也有海馬搖晃著身體，嘟起細細長長的嘴，和海星鬧著彆扭。

雲兒是人們的好朋友，在我們無聊的時候，她變出許多東西給我們觀賞，在我們傷心的時候，她會聽我們談心，有時候還陪著我們一起掉眼淚，變成了雨滴。雲兒了解我們的心情，真是人類的好朋友啊！

第二課

描寫觸感

快樂恐怖箱

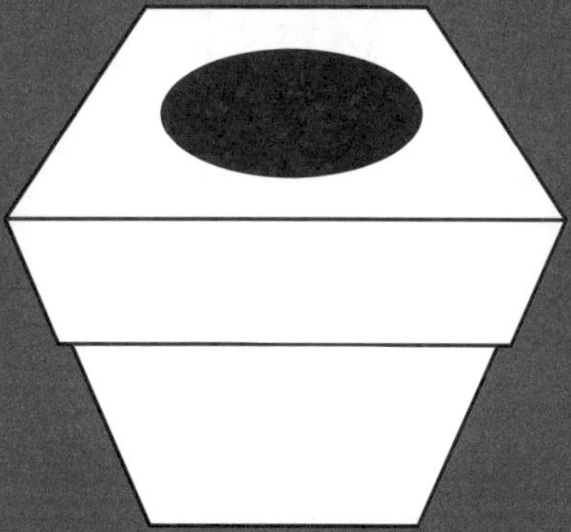

第二課 描寫觸感 快樂恐怖箱

「恐怖箱」這項道具經常被綜藝節目使用，變成娛樂活動，用來嚇嚇女明星。遊戲規則是在箱子裡放進幾樣令人害怕的東西，讓遊戲者驚聲尖叫，目的是為了達到娛樂效果，有的兒童劇團為了訓練演員的感官，也會使用恐怖箱。本課便以恐怖箱作為教學工具。

體驗式學習(experiential learning)是一種以「經驗」為主的學習方式，將學習融入一個實際可能發生的情境，或在虛擬的環境裡學習，由學生主動參與教學活動，然後分析他們所經歷的體驗，使他們從中獲得一些知識和感覺。

以體驗作為學習的方式，不但刺激有趣，充滿挑戰與高度參與，同時還能擁有新的經驗。體驗的時間雖然短暫，但親身感受的過程，本身就充滿了學習的樂趣。

今天的作文課，主要藉由體驗教育讓孩子的觸覺被喚醒，使觸覺更敏銳，並在教學中享受探索、操作的樂趣。之後，教師要提供學生常用的觸覺修辭，將這些修辭與所觸摸的物品對應起來，再把這些感覺化成文字，寫成一篇文章。

本課提供兩份學習單，一份是帶領學生認識簡單的觸覺修辭，一份是讓學生寫下觸摸物品的感覺，作為寫作的材料。

根據經驗，有些學生比較內向，膽子較小，同學們都摸完了，內向的學生卻遲遲不肯上來摸，這時教師不宜勉強，如果學生真的不肯摸，就請他站在一旁觀看同學摸的反應，等到寫作文的時候，可讓他寫出觀察同學摸恐怖箱的想法，並加入自己的心得。

教學目標

❶能夠認識常見的觸覺修辭。

❷能表達觸摸物體後的心理感受。

❸能將所學到的觸覺修辭，運用在作文上。

教學準備

教具：箱子、玩具蜈蚣、烏龜布偶、壓孔器……等。

教學內容規劃表：

教學主題	描寫觸感
說明主題的前奏	說一則盲人摸象的故事
配合學習單(一)	連連看：認識觸覺修辭
教學活動	觸覺遊戲：快樂恐怖箱
配合學習單(二)	「快樂恐怖箱」實況紀錄
解釋題目	快樂恐怖箱
作文	作文

教具製作

名稱：快樂恐怖箱。

材料：影印紙的紙箱一個，含紙箱蓋子。

製作步驟：

❶將紙箱蓋子的中間挖出一個比手腕大的圓孔。

❷蓋上紙箱蓋子，大功告成。

❸操作時可用布覆蓋，以免學生看到箱內的物品。

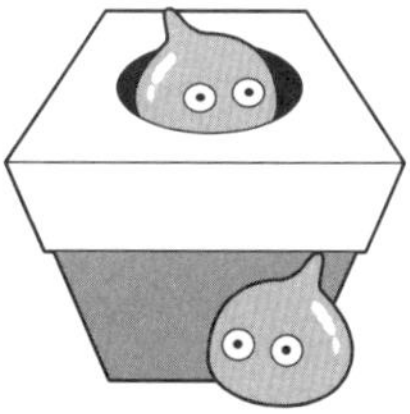

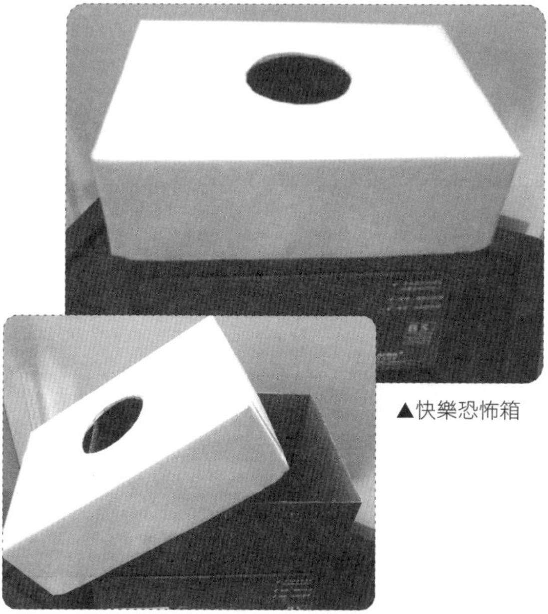

▲快樂恐怖箱

說明：

❶恐怖箱內放置的各種物品數量不限，視時間及學生人數而定。

❷一次只能放置一件物品。

❸所放入的物品應具安全性。

教學活動

一、前奏

認識觸覺修辭

PART 1 說故事

教師先說一則「盲人摸象」的故事：

從前在印度這個地方，有六個盲人，彼此是無話不談的好朋友。

有一天，他們坐在路邊聊天，剛好有個商人牽著大象經過。因為這些盲人從出生就沒見過大象，聽說大象來了，都非常興奮地拜託牽象的人，讓他們每個人都來摸摸這頭象。

第一個盲人摸到象的身體，他高興地說：「原來大象像一面牆。」

第二個盲人摸到象牙，他反駁：「才不是！象長得尖尖長長的，像一支槍。」

第三個盲人摸到象的鼻子，他搖搖頭說：「你們都錯了！大象簡直像一條蛇。」

第四個盲人摸到了象腿，他不屑地說：「哼！大象明明像一棵樹。」

第五個盲人個子比較高，摸到大象的耳朵，他哼了一聲：「完全錯誤！大象根本像一把扇子。」

第六個盲人站在最後，摸到大象的尾巴，他笑彎了腰說：「你們這些傻瓜！大象其實像一根繩子。你們瞎了嗎？」

等到大象被牽走了，他們仍舊吵個不停，每個人都覺得自己最正確，但是旁邊的人早就笑得喘不過氣來了。

PART 2 認識觸覺修辭

教師說明什麼是「觸覺」，為什麼寫文章要使用觸覺修辭：

我們的皮膚能感覺到外在環境的刺激，把觸碰到的壓力、溫度、質感、軟硬、形狀、痛癢等感覺訊息傳遞到大腦，就叫作觸覺。

觸覺是人類很重要的一種感覺能力，有了觸覺，我們才能夠認識外面的世界，掌握自己與環境間的互動。

一個觸覺很遲鈍的人，在生活上可能常常遇到危險，卻沒有預防的能力，例如他碰到熱水卻不知道燙，被球打到了也不知道閃躲，可能因此受到燙傷或挫傷，由此可知，觸覺是多麼地重要！

我們在寫作文時，常常要把接觸到的感覺，如實地描寫出來，這時候就需要用到觸覺修辭，讓我們利用下面的學習單，來認識幾個常見的觸覺修辭吧！

配合學習單(一)範例

連連看：認識觸覺修辭

小朋友，描寫觸覺在寫作中是很重要的喔！你認識多少個描寫觸覺的詞語呢？現在，請你看看下面的題目，把正確的答案連起來吧！

1. 這條圍巾戴起來讓人感覺＿＿＿＿，真難受。	黏黏的
2. 我躺在＿＿＿＿草地上，很快就睡著了。	涼涼的
3. 冬天的早晨，我只想躲在＿＿＿＿被窩裡，不想下床。	熱呼呼的
4. 妹妹很喜歡這隻＿＿＿＿小豬娃娃，每天都帶著它。	癢癢的
5. 春天的風並不冷，只是＿＿＿＿。	暖烘烘的
6. ＿＿＿＿石頭上面有漂亮的花紋，真讓人捨不得丟掉它。	又溼又滑
7. 喝下＿＿＿＿湯，寒冷立刻不見了。	柔軟的
8. 這條小金魚，摸起來＿＿＿＿，怎麼抓都抓不住。	毛茸茸的
9. 上完體育課流過汗以後，全身＿＿＿＿，很不舒服。	堅硬的

二、主曲

觸覺遊戲：快樂恐怖箱

老師：現在，我們要開始摸第一樣東西囉！請小朋友摸完以後，回到座位上，把摸到的感覺寫在學習單(二)裡面。好，開始！

學生摸完第一件物品。

老師：你們感覺到什麼呢？

學生：我摸到的東西粗粗的，很硬。

學生：我摸的東西像拳頭一樣大，上面好像有一些洞。

學生：摸起來冰冰涼涼的。

老師：好，你們寫下來了沒有？

學生：寫好了！

老師：我要公布答案囉！答案是「石頭」。你們猜對了嗎？請大家把石頭的樣子畫出來。

老師：接下來要摸第二件物品了。

學生摸完第二件物品。

老師：這次你們摸到什麼了呢？

學生：刺刺的，像毛一樣。

學生：我覺得是一根一根的，很硬，但是很有彈性。

學生：下面還有一塊很硬的板子！

老師：請大家寫下自己的感覺吧！

老師：這次的物品，正確答案是「刷子」。猜對了沒呀？趕快把刷子畫下來吧！

老師：我們再來摸第三樣東西。

學生摸完第三件物品。

老師：這次摸到什麼呢？

學生：摸起來毛茸茸的、圓圓的。

老師：好棒喔！你用了一個觸覺修辭。

學生：這個東西前面有尖尖的一大塊，後面的比較細，好像有手耶！

老師：大家趕快寫下來喔！

老師：公布答案，第三個物品是「烏龜玩偶」！它的形狀比較不規則，所以比較難猜，大家把它畫在紙上吧！

配合學習單（二）範例

「快樂恐怖箱」實況紀錄

小朋友，當你摸完恐怖箱內的東西，要把感覺寫在下面的空格喔！等老師公布答案後，請你把物品的樣子畫出來。

第一件物品

我的感覺

摸起來粗粗的，很硬，冰冰涼涼的，像拳頭一樣大，有一些大大小小的洞。

答案揭曉：石頭

第二件物品

我的感覺

摸起來刺刺的，像毛一樣，很硬，但是有彈性，下面硬硬的像板子。

答案揭曉：刷子

第三件物品

我的感覺

摸起來毛茸茸的、圓圓的，但是前面有尖尖的一塊，後面的比較細，好像有手。

答案揭曉：烏龜玩偶

活動精靈

❶教師拿出恐怖箱，事先放好物品在裡面，請學生排隊上來摸。

❷等學生全部摸畢，教師再與學生討論剛才摸到的感覺，然後讓學生搶答，說出正確答案。

❸當學生摸完一件物品，就要將感覺記錄在配合學習單。

❹由教師公布答案，贈送獎品給猜對的學生，作為鼓勵。

❺預計二十分鐘可讓全體學生摸完三至四件物品，教師可依需要調整時間。

三、尾聲

作文

❶公布作文題目：快樂恐怖箱。

❷解釋題目。

❸開始習作，教師巡視指導。

快樂恐怖箱

今天，作文老師很神祕地拿了一個箱子進來，上面蓋了一塊黑布，說這是「恐怖箱」，要我們摸摸裡面的東西。大家聽到恐怖箱的名字雖然有點害怕，但又高興

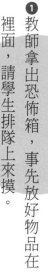

得不得了，迫不及待要趕快開始。

第一件物品摸起來冰冰涼涼的，非常地硬，它的表面非常粗糙，似乎布滿了大大小小的洞，讓我感覺有點噁心。它的形狀和我的拳頭差不多大，我心裡猜想一定是塊石頭，後來答案果然是「石頭」！

第二件物品摸起來刺刺的，害我差點就叫出來了。它像毛一樣一根一根的，很硬，卻很有彈性，最下面還有一塊堅硬的板子，我猜那一定是媽媽刷地板用的刷子。答案揭曉了，真的是「刷子」！我實在太厲害了！

最後一件物品摸起來毛茸茸的，我覺得應該是個玩偶，但不知道是什麼玩偶。它的身體圓圓的，但前面有橢圓形的一塊，後面則是一條尖尖的東西，好像還有手呢！這真的太難猜了。最後老師公布答案，原來是一隻好可愛的「烏龜玩偶」！

今天的作文課，我學會了觸覺修辭，也知道該怎麼使用它們了，真希望以後還有機會，來摸摸一點都不恐怖的「恐怖箱」！

第三課

描寫聲音

汪喵哞咩大合唱

第三課

描寫聲音

汪喵哞咩大合唱

本課使用的是視聽教學法。

視聽教學是讓學生利用視覺、聽覺、觸覺、味覺、嗅覺等感官來學習的教學方法，非常重視感覺經驗，和媒體工具的使用。最常在教學中使用的聽覺媒體，包括錄音帶、唱片、光碟、廣播等。

透過這樣的教學，讓孩子的感覺具體而真實，也讓教師達到教學的目標。

人類的五種感官當中，聽覺是最早被使用的一種，從我們在胎兒時期，聽覺就是我們最早認識外界的媒介。

拿聽覺與其他感官相比，我們從視覺、味覺、嗅覺及觸覺所得到的經驗，都屬於靜態的，但聲音卻能對人的情緒，造成強烈的起伏，使心跳、呼吸與血壓產生各種變化，因此聽覺對人的影響，比其他感官還要大。

為了寫作的成功，我們更要去聽，並且聽得仔細，聽得真切。

在寫作時，不只要學會描寫人物的對話，凡是與聲音有關的，都要用到聽覺描寫，才能寫出真實感。要把聲音化為文字，便有賴於我們對聲音的觀察，認識各種狀聲詞及擬聲字，並熟悉地使用它們。

教師可利用書附光碟所收錄的各種音效，帶領學生聆聽許多不同的聲音，考驗孩子對聲音的辨識與敏感度，並帶著學生認識各種狀聲詞及擬聲字，讓孩子模仿聲音，體驗被各種聲音圍繞的美妙境界。

教學目標

❶能發展「聽」的知覺能力。

❷能分辨各種不同聲音，並理解其意義。

❸能認識狀聲詞及聽覺意象的各種詞彙。

❹能運用譬喻、擬人等修辭法描寫聲音。

教學準備

教學內容規劃表：

教學主題	描寫聲音
說明主題的前奏	認識聽覺修辭
配合學習單（一）	讓狀聲詞活起來！
教學活動	聽力大考驗
配合學習單（二）	聽聲音，編故事
解釋題目	晚餐時刻
作文	作文

教學活動

一、前奏

認識聽覺修辭

我們在作文中，常會用到摹寫法。

摹寫就是把我們所見事物的形狀、顏色，聽到的聲音，感受的觸感，吃到的味道，或聞到的氣味，適當的利用文字加以描寫，使讀文章的人，擁有和你一樣的感受。

但是，小朋友在利用摹寫法寫作以前，要先培養感官的敏銳度，如果我們感官的敏銳度不高，就沒辦法把對外界的認識寫進文章裡，所以，寫作文以前，一定要先磨利我們的感官喔！

今天，我們先來培養聽覺的敏銳度，認識生活中的各種聲音，因為聽覺是一種直接的感受，如果文章能適當的表現聲音，就會給人真實的感覺。那麼，聲音到底是從哪裡來的呢？老師先帶你們認識一下「狀聲詞」。

摹仿自然的聲音稱為擬聲字，又稱為象聲詞、摹聲詞、狀聲詞，是摹擬自然界聲音的一種詞彙。它的產生有二種方法，一種是根據這個東西發出的聲音，原封不動的記錄下來，像狗狗的叫聲是「汪汪」，貓咪的叫聲是「喵喵」，小羊的聲音是「咩咩」，這種狀聲詞沒有其他意義，只是模仿聲音而已喔！

第二種狀聲詞，除了記錄這個東西發出的聲音，還進一步為聲音加上情感的表現，例如「時鐘滴答滴答努力地走」、「颱風咻咻地嘶吼著」等，這些聲音加上人類的情感及動作，是不是生動很多呢？

小朋友，我們認識了這麼多的狀聲詞和擬聲字，你能分辨哪種東西會發出什麼聲音嗎？大家有沒有發現，如果狀聲詞只是記錄聲音而已，好像有些單調，我們可以為這些狀聲詞加上人的情感，讓我們一起來完成下面的學習單吧！

配合學習單(一)範例

讓狀聲詞活起來！

小朋友，下面列出幾個狀聲詞，請你把下面的事物和它的聲音連起來，並用擬人法為它們加上人的感情，造出適當的句子，讓狀聲詞活起來吧！

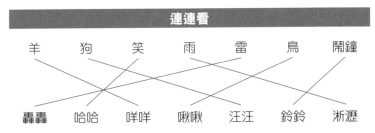

連連看

羊　狗　笑　雨　雷　鳥　鬧鐘

轟轟　哈哈　咩咩　啾啾　汪汪　鈴鈴　淅瀝

擬人法造句

雨淅瀝淅瀝下個不停，告訴我牠有多傷心。

「鈴鈴」，討厭的鬧鐘又在叫了，我只好勉強爬起來，準備上學。

我家的狗一見到陌生人，就生氣地「汪汪」大叫起來。

「啾啾！」小鳥們一聲聲地叫著，迎接媽媽的歸來。

小羊「咩咩」地叫，說：「我不要被剃毛！」

這次考試得了第一名，我忍不住「哈哈」大笑起來！

天空飄著細雨，忽然，「轟轟」的雷聲響起，真是嚇人！

二、主曲

聽力大考驗

教師先說明遊戲規則，再播放事先準備好、或本書光碟所附的各種聲音給學生聽，讓學生猜猜看聲音的來源是什麼。師生一起蒐集這些答案，抄寫在黑板，最後，帶領學生將這些名詞，編寫成一個故事。

老師：小朋友，現在我們就來考驗聽力。老師會播放一些聲音，聽到聲音以後，請告訴老師這個聲音是什麼發出來的？答對的人，請在黑板上寫出它的狀聲詞，如果你忘記狀聲詞怎麼寫，就請寫出這個聲音的注音。好，我們要開始囉！

◎ 教師播放第一個聲音。

老師：這個聲音聽起來像什麼？

學生：有「沙沙」的聲音耶！好像下雨的感覺。

學生：很像油在鍋子裡噴出來的聲音。

學生：還有「刷刷」聲，又像是「擦擦」聲，是炒菜的聲音嗎？

老師：答對了，「沙沙」是油噴出來，「刷刷」、「擦擦」是鏟子在鍋子上摩擦的聲音，所以答案就是「炒菜聲」。請小朋友把答案寫在黑板。

◎ 教師播放第二個聲音。

老師：這個聲音很容易聽出來喔！如果用狀聲詞要怎麼寫呢？

學生：是「哇哇」，很簡單，是小嬰兒哭的聲音。

老師：沒錯，而且你們聽出來了嗎？小嬰兒哭得很用力呢！你們覺得發生了什麼事情呢？

學生：一定是肚子餓了！聽起來像是「餓餓」的聲音耶！

老師：你用「餓餓」當狀聲詞非常特別，可以有多種不同的意思。這個哭聲真的很像「餓餓」的聲音，一方面又像在說「餓了、餓了」。

學生：我覺得是要換尿布了！我家小弟弟就是這樣子，非常吵鬧。

老師：小朋友平時對生活的觀察都很細心喔！嬰兒哭的時候通常代表著肚子餓了、身體不舒服了，或是尿布溼了、受驚嚇了，這幾種意思。你們覺得這個小嬰兒是哪一種呢？可以自由想像喔！我們把「嬰兒哭」先寫在黑板上。

教師播放第三個聲音。

老師：咦？這是什麼聲音呢？

學生：「轟轟」的，很像騎機車的聲音。

學生：應該是人的聲音！

老師：有沒有聽出來？這個聲音是很有節奏感的。

學生：除了「轟轟」，還有「呼呼」和很重的「哼哼」聲。

學生：我知道了！是「打鼾」的聲音，而且還是男生在打鼾！

老師：你們很厲害喔，這就是一個男人睡覺時打鼾的聲音，很熟悉吧！有沒有誰的爸爸會打鼾的？

學生：我爸會，我媽也會，連經過他們門口都會聽見耶！

老師：那真的很大聲，聽起來有點嚇人。

我們把「打鼾」寫在黑板上。

教師播放第四個聲音。

老師：這個很好猜吧！是什麼聲音？

學生：是打雷和下雨。

老師：大家可以用狀聲詞來形容打雷下雨的聲音嗎？

學生：「嘩嘩」、「淅瀝淅瀝」、「滴滴答答」是雨聲。

學生：「轟隆隆」、「轟轟」是雷聲。

老師：很好，這些聲音代表什麼樣的天氣呢？

學生：颱風來了！或是晴時多雲偶陣雨的天氣。

老師：對了，陣雨時常是突然來的，而且打雷多半會夾雜著大雨，不過有的陣雨很快就會停了。如果到了梅雨季節，打雷不會打得這麼大聲，但雨卻會下得很久喔！

教師播放第五個聲音。

老師：這個聲音很好認，誰要搶答？

學生：我！這是電話響起的聲音。

老師：可以用什麼狀聲詞呢？

學生：用「鈴鈴」。

老師：在這裡老師要教小朋友一個有趣的東西，如果你知道有人正在找你，他一直打電話來，但你不想接，這時候你聽電話鈴聲的感覺是怎樣呢？會不會覺得鈴聲很急？

學生：會耶！而且聽到這種鈴聲會讓人感覺好緊張喔。

老師：對，如果鈴聲一直不斷地響，你們就可以用「鈴鈴鈴鈴」，或是「鈴鈴……」，來表現連續不斷的電話鈴聲。

小朋友，我們聽完了這幾種聲音，就來利用下面的學習單，按照人、事、時、地、物等五個方向，開始蒐集故事素材吧！

配合學習單(二)範例

聽聲音，編故事

小朋友，聽完了聲音以後，現在請按照人、事、時、地、物等五個方向，開始來編寫故事素材，並利用這些材料寫成作文。請你把討論好的結果填寫在下面的表格裡。

人物	我、媽媽、爸爸、弟弟(小嬰兒)
事件	1.媽媽在炒菜，煮晚餐。 2.弟弟哭著要喝牛奶。 3.爸爸睡午覺在打鼾。 4.有人打電話來，我跑去接電話。
時間	星期六的晚上，秋天，打雷下雨
地點	家裡
物品	晚餐的菜有： 番茄炒蛋、炒蝦、炒菠菜、滷肉、 肉絲竹筍湯

三、尾聲

作文

❶公布作文題目：晚餐時刻。

❷學生可根據寫作材料自訂題目。

❸開始習作，教師巡視指導。

晚餐時刻

晚餐時刻，是一天當中最讓我期待的，因為全家人可以在這時候，圍著餐桌談天說地，吃著色、香、味俱全的美食，令人感到無比地幸福。

晚餐前，家裡總是熱鬧滾滾。廚房傳來媽媽炒菜、切菜的聲音；小弟弟在房間「哇哇」地哭著，害我得拿奶瓶餵他喝奶；爸爸坐在沙發上看電視，不小心睡著了，「呼嚕」的鼾聲像打雷一樣。「鈴鈴……」，電話聲突然響起，我只好丟下弟弟和奶瓶，衝到客廳接電話。「咕嚕咕嚕……」這是什麼聲音呢？原來是我的肚子餓得在抗議啦！

終於可以吃晚餐囉！一看到餐桌上的番茄炒蛋，我和爸爸就不約而同搶起湯匙來了，還有香噴噴的炒蝦，真是人間最美味的食物！最棒的是翠綠色的菠菜，媽媽笑著說：「吃了以後，會像大力水手一樣喔！」我趕緊夾了一口下肚。

「嗝！」這是青蛙叫的聲音嗎？不是，這是我吃飽以後打嗝的聲音。能夠天天吃到這樣的美味，我真是全世界最幸福的小孩了！

悅耳的聲音盒子

擬聲字	
人聲	哎、呸、呢、呵、咍(ㄏㄞ)、呲(ㄘ)、咯、咭(ㄐㄧ)、咦、哇、哩、哦、哢(ㄌㄨㄥ)、哼、唉、唔、啵、啦、啐、啊、唷、喲、喂、嗎、嗨、嗐、嗚、嘛、噓、噗、嘿、嘟、嘩、嘻、噥(˙ㄋㄨㄥ)、噯、噢、嚕、嚶、囉、叱、吁、嘖、咂、咳(ㄎㄜˊ)、齁
動物聲	吱、吽(ㄏㄨㄥ)、汪、哞、呀、咕、呦(ㄧㄡ)、咿、咩(ㄇㄧㄝ)、喵、咪、喳、嗡、喔、嘎(ㄍㄚ)、嘓(ㄍㄨㄛ)、嘰、嘶、呱(ㄍㄨ)、呷(ㄒㄧㄚ)
物聲	叮、叭、嗶、噹、嗃(ㄏㄠ)、叩、咚、呼、咻、唰、啪、嗤、嘈、沖、碰、嘩、乒、乓、錚、鏘
動物界的聲音	
鳥類	吱喳、吱吱、吱吱喳喳、啾啾、啁啾、咕咕、嘎嘎、啞啞、撲剌剌、拍拍、磔磔
雞	咕咕、咯咯、喔喔、啄啄
鴨	呱呱、刮刮
狗	汪汪、汪、咆嗚、嗚嗚、嘿嘿、哼哼
貓	咪咪、喵喵、喵嗚、呼嚕呼嚕
老鼠	吱吱、嘰嘰
牛	哞哞
羊	咩咩
馬	嘶、蕭蕭、達達
蛇	嘶嘶

蜜蜂	嗡嗡
青蛙	呱呱、嘓嘓
蟬	唧唧
鹿	呦呦
紡織娘	織織織織呀
自然界的聲音	
雨聲	滴答、答答、滴滴答答、淅瀝瀝、淅瀝淅瀝、叮叮咚咚
水聲	滴答、滴答滴答、嘩啦、嘩嘩、嘩啦嘩啦、淙淙、啪啪、潑剌、潺潺、撲通
風聲	呼呼、咻咻、噓噓、嗚嗚、颯颯、颼颼、烈烈、瑟瑟、撲簌簌
雷聲	轟轟、隆隆、轟隆隆、乒乒乓乓
火聲	吡吡剝剝、嗶剝
蘆葦搖動	窸窣
人與事物的聲音	
打噴嚏	哈啾
打鼾	呼嚕呼嚕
心跳	咚咚、突突、撲通撲通
耳鳴	嗡嗡
肚子餓	咕咕、咕嚕
笑聲	呵呵、哈哈、哇哈哈、嘻嘻、嘿嘿、吃吃、格格、咯咯
驚呼聲	唉喲、哎呀、啊
嬰兒哭	哇哇
喘氣	吁吁
拍手	啪啪
鞭炮	砰砰、劈劈啪啪、劈哩啪啦、砰砰啪啪
喇叭	叭叭
敲門	叩叩叩
電鈴	鈴鈴、叮咚、叮鈴、叮咚叮咚、嗶

皮鞋敲地	叩叩
照相	卡擦、卡噠
鋼琴	叮叮咚咚
機車	轟轟
鬧鐘	鈴鈴鈴鈴
吹笛子	嗚嗚
救護車	嗚伊嗚伊
敲鑼	鐺鐺、鏜（ㄊㄤˋ）、鏘鏘
吹口哨	噓噓
炒菜	刷刷、擦擦、沙沙
吃餅乾	喀啦
開電燈開關	喀
煞車聲	軋吱
琴聲	琤琤
火車聲	戚戚卡卡
機關槍	噠噠噠
磨刀聲	霍霍
說話吵雜	嘰哩呱啦、嘰哩咕嚕、嘰嘰喳喳
低聲說話	喃喃
推門聲	咿呀、骨刺刺
讚歎聲	嘖嘖
杯子掉落	匡噹
機器發動	軋軋
物品互擊	吧嗒
東西散落	嘩喇喇
鼓聲	鼕鼕
旗幟飄揚	忽喇喇

第四課

描寫動作

默劇的演出

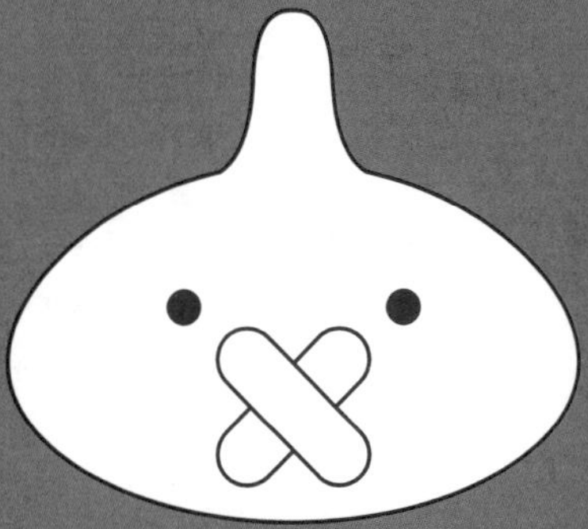

第四課

描寫動作 默劇的演出

動詞是句子的靈魂，語言的生命，一個句子是否生動，往往取決於它的動詞是否用得好。

沒有動詞的句子就像失去靈魂，托爾斯泰說：「在藝術語言中最重要的是動詞，因為全部生活都是運動的。若是你找到最適合的動詞，那你就能安心地寫你的句子。」所以我們要讓學生認識動詞，並練習使用動詞造句。

不可避免的，動詞常被使用在描寫人物行動，因為人的行動是思想性格的直接表現。在文學作品中，人物行動描寫更是塑造人物的主要手段，老舍曾說：「要描寫一個人必須知道此人的一切，但不要作相面式的全寫在一處，我們必須隨時用動作表現出他來。」可見動作描

寫的重要。

描寫動作應注意人物行動的生動性和典型性。生動性指的不僅是要寫出人物在做什麼，還要寫出他怎樣做；典型性指的是要寫出人物為什麼要這麼做，而不那樣做。

本課採取表演默劇的方式，由教師先表演幾個動作，讓學生觀察並分析它們，使得上課就像看表演，再以遊戲的方式，帶著孩子用身體來模仿各種動作，並透過表演學習創意的表達。

我們可以引導學生從What、How、Why等三方向，去思考這些動作，並從教師一連串默劇般的表演中，帶領孩子學會觀察與分析，以猜謎的方式，讓孩子們猜出動作的意義，如此能有效提升師生間的互動，增進課堂氣氛。

上台表演，對具有表演天分的孩子來說是快樂的，但有些內向的孩子可能會覺得膽怯，所以教師要先拋磚引玉，自己先上台表演幾個動作，引起孩子的興趣，就能帶動他們一起上台表演，而且能讓老師的教學更有魅力。

教學目標

❶能觀察與分析動作的每個步驟。

❷能培養孩子敏銳的觀察力和分析力。

❸能運用文字將動作描寫在作文上。

教學準備

教具：紙張、書本、筆等表演需要的道具，以及動作題目紙卡。

教學內容規劃表：

教學主題	描寫動作
說明主題的前奏	動詞與動作描寫
配合學習單	讓文字扭一下！
教學活動	默劇的演出
解釋題目	上體育課
作文	作文

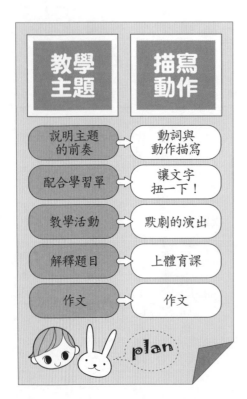

教具製作

名稱：動作題目紙卡。

材料：每張A4影印紙可製作四張題目紙卡。

製作步驟：

❶以簽字筆在題目卡上寫下表演的題目，參考題目如下。

❷教師可視學生人數，決定題目卡的數量。題目卡可以重複，目的是為了配合學生人數。

生氣	傷心	唱歌	吃麵	小狗高興
打電動	看到成績	刷牙洗臉	彈鋼琴	拉小提琴
打籃球	洗澡	放風箏	跳繩	猴子抓癢
大象喝水	企鵝走路	蛇走路	螃蟹走路	花開了
麻雀跳	魚游泳	雞吃米	鳥飛翔	火車跑

教學活動

一、前奏

動詞與動作描寫

小朋友，動詞是句子的靈魂、語言的生命，有了動詞，我們的句子才能「活起來」喔！沒有動詞，我們的文章就只剩一大堆名詞和靜態的描寫，感覺毫無生命力。

好幾個動詞串聯起來，就變成許多動作。

小朋友都知道，如果我們進行演講比賽，必須靠身體動作、手勢的配合，我們的演講才會生動、感人，引起聽眾的興趣，同樣地，卡通影片、動作片、武俠片等等，也是靠「動作」的表演，才會吸引小朋友的觀賞，所以動詞和動作產生的效果，是多麼大啊！

人在想什麼，往往會從他的動作表現出來，「動作」能夠表現許多有趣的意義，大家寫作文的時候，千萬別忽略動作的描寫。

有動作的描寫，人物才會栩栩如生，靜態的花草樹木也會變得活潑逼真，事情的過程才會生動有趣，像小朋友喜歡看的《西遊記》，就將動作描寫得十分傳神。

有一次，孫悟空和魔王打架，拔一根毫毛變出兩、三百個小猴分身，一起對付魔王，作者描寫那些小猴：「前踴後躍，鑽上去，把魔王圍繞，抱的抱，扯的扯，鑽襠的鑽襠，扳腳的扳腳，踢打撏毛，摳眼睛，捻鼻子。」

作者把小猴子這些連續的動作串聯起

來，就變成一副熱鬧的打鬥景象了。

除了有生命的人或動物，我們也可以為沒有生命的事物加上「動作」喔！例如，寫鞭炮就可以寫成：「鞭炮一被點燃，就像跳蚤四處亂跳，大家紛紛逃離現場。」也可以加上擬人的描述：「春到了！燕子站在樹梢歌唱，蝴蝶披著彩衣飛舞，玫瑰花則是紅著臉兒向人們撒嬌。」

大家有沒有發現，這些動作描寫讓文章變得可愛了？現在，先讓我們利用下面的學習單，練習用動詞造句吧！

配合學習單範例

讓文字扭一下！

小朋友，我們寫作文的時候，只要加上一些動作的描寫，文字就會充滿生命力。下面有四張圖，請你用一段文字來描寫人物的表情和動作吧！加油！

媽媽的一隻手按著胸口，另一隻手舉向大家，滿臉陶醉的樣子，開心地唱著歌兒。

哥哥生氣了，他的眉毛直立起來，腳用力地踏著地板，怒氣沖沖地向我走過來。

小明一邊哭，一邊用手捶著地板，非常傷心的樣子，因為他考了最後一名。

我看了蠟筆小新的卡通影片，忍不住抱著肚子哈哈大笑，躺在地上打滾。

二、主曲

默劇的演出

教師先示範幾個動作給學生猜，並帶領學生分析這些動作，然後將分析的結果抄寫在黑板。接著，可請學生想幾個動作，或由老師提供題目，讓學生上台示範給全班同學看。

教師可從旁幫助學生觀察同學表演的動作，並造出生動的句子。觀察的目標可包含人的動作和表情，甚至可讓學生自行配音，或為表演者設計說話內容。

老師：小朋友，請你們聽老師唸一段文字，等老師唸完以後，請你們告訴老師「總共有幾個動作」：

小美拿起一本書，輕輕地打開，轉頭問媽媽說：「媽，說故事給我聽好嗎？」媽媽聽了，走到她的面前，笑著說：「好啊！」小美高興地拍拍手說：「好棒喔！」連忙把書拿給媽媽。

學生：拿、打開、轉頭。

老師：還有呢？

學生：走、拍拍手。

老師：對，非常好！現在老師示範幾個動作和表情，等一下要請你們用講的描述出來喔！第一個……

老師示範：手上拿著一本書，用力地摔在桌上，拉了一張椅子，重重地坐下，兩隻手支撐著下巴，皺著眉頭，左手捶了一下桌面。

學生：這是生氣時的動作！老師把書摔在

桌上，很用力地拉椅子，還打了桌子。

老師：很好，你們覺得我為什麼生氣呢？

學生：因為和同學吵架了！

學生：因為被老師罵。

老師：你們可以想像這些動作背後代表的意義。接著，老師把題目紙牌貼在黑板上，請小朋友上來選一個紙牌，然後表演題目要你做的動作，記住！表演動作時不可以說話喔！但是可以製造音效。其他的小朋友準備開始猜答案，預備……開始！

學生表演：（看到成績）手上拿著一張考卷，雙手抖動不停，眼睛瞪得非常大，還倒退走了兩三步。

學生：哈哈！真的太誇張了！這是看到考試成績很驚訝的樣子吧？一定考得很爛！

老師：猜對了，很厲害喔！小朋友剛剛表演手抖得很厲害的樣子，就是在表現他內心的緊張，眼睛瞪得很大，則代表他的驚訝，對情緒的表現掌握得非常好喔！好，我們來看下一個！

學生表演：（刷牙）伸懶腰，一隻手遮住嘴巴打呵欠，一隻手抓頭髮，拿起牙膏擠在牙刷上，開始刷牙，喝了一口水，再用力吐出來，右手擦了擦嘴巴。

學生：很簡單，他早上起床，一邊打呵欠，一邊抓頭髮，然後擠牙膏開始刷牙、漱口。

老師：完全正確！你把起床所有的動作分析得很好，以前在作文中寫起床，總是寫刷牙、漱口就沒了，如果以後要你寫起床，就可以把動作寫出來，這樣是不是比較生動呢？剛剛小朋友抓頭髮的動作，有人知道這代表什麼意思嗎？

學生：應該是剛起床還沒清醒過來，抓抓頭應該沒有特別的意思。

學生：我覺得抓頭的動作是要讓自己更清醒，因為抓頭有點痛。

老師：沒錯，說得很好，抓頭的動作確實沒有什麼意義，那是人在沒有意識的情形下，抓一抓頭，讓自己更清醒。我們將兩位小朋友的答案合起來，就是正確答案了。好，我們再看下一個！

學生表演：（螃蟹走路）兩隻手的手指作鉗子狀，眼珠左右移動，腳步從左邊橫著走到右邊，再從右邊走回來。

學生：這是螃蟹走路的樣子！他的眼睛只能左右移動，才能看到要去的地方。

老師：非常好！螃蟹當然不能轉頭，只好移動牠的眼珠了，小朋友的想像力很豐富。下一個！

學生表演：（打籃球）一隻手作拍打球

的樣子，身體左右移動作閃避狀，接著一邊拍球、一邊小跑步，跳起灌籃。

學生：這是打籃球的動作，他一開始在運球，前面有對手衝過來想要搶球，他就一邊運球，一邊跑向籃框底下，然後趁對手不注意，跳高灌籃得分！

老師：哇！你分析得真好！簡直比電視上的體育播報員還要專業呢！讓大家都可以想像球賽的激烈，非常棒喔！好，下一個！

學生表演：（麻雀跳）上半身往下壓，雙手往背後伸展，兩條腿併攏，雙腳靠在一起，用跳的方式前進。

學生：這是小鳥跳的樣子，可是猜不出是哪種鳥。

老師：你們看過麻雀嗎？麻雀不是常常出現在教室門口跳啊跳的？當麻雀移動的時候，兩隻腳靠在一起，用跳的方式前進，這位小朋友模仿的就是麻雀跳的樣子。

學生表演：（洗澡）假裝拿一塊肥皂抹身上，雙手作擦背部的動作，然後先洗上半身，再往下擦洗雙腿，最後拿蓮蓬頭沖水，擦乾全身。

學生：哇！表演得好清楚喔！這一定是洗澡的動作。

老師：沒錯！小朋友把所有洗澡的過程全演出來了，可見平常很仔細觀察自己，也很有表演天分，真的很棒！我們再來看下一個小朋友的表演。

除了以上示範的幾個動作，教師還可

以從動物、人類、植物，甚至無生命的物體來命題，例如吃飯、看書、打電動、彈鋼琴、拉小提琴、找書、跳繩、猴子抓癢、蛇走路、花開了、魚游泳、雞吃米、鳥飛翔、火車跑……等，以孩子生活中常見的事物為出題原則，以免孩子無法模仿。

教師在遊戲中的角色就是主持遊戲、引導和評論孩子的表演，讓孩子思考這些動作背後的意義，教導他們觀察別人的動作，學到分析動作的技巧。

三、尾聲作文

❶公布作文題目：上體育課。
❷解釋題目。
❸開始習作，教師巡視指導。

上體育課

「要上課囉！」大家高興地喊著，又叫又跳地飛奔到操場上，終於到了全班最期待的體育課，今天要打籃球。體育老師常說：「人活著就是要動！」所以每次都讓我們玩各式各樣的球類，讓大家忙完了課業，能夠舒展筋骨，調劑身心。

在許多球類運動當中，我最喜歡打籃球，因為打球的時候需要攻擊和防守，除了要運用技巧外，還要動動腦筋。在打籃球的時候，我必須靈活地移動身體，左擋一下，右擋一下，有時還要轉身，用背部擋住對手的搶球攻勢，然後趁對手不注意的時候，用力地蓋對方火鍋，更要注意別被對手撞倒，所以打籃球等於是全身運動。

雖然每次上完體育課總是汗流浹背，全身髒兮兮，累得舉不起腳，但我只要一聽到要上體育課，就會立刻精神百倍、生龍活虎。上體育課，不但可以盡情地玩樂，學習團隊合作，還可以鍛鍊我們的身體，希望以後的體育課，都能像現在這樣，在快樂中度過。

第五課

誇大法

吹破牛皮也不怕！

第五課

誇大法
吹破牛皮也不怕

童玩是前人的發明，更是智慧的結晶，每一樣流傳下來的童玩，都能歷久彌新，禁得起時間的考驗。童玩也是讓孩子愛不釋手的玩具，因此若能在教學活動中加以運用，便可提升教學的成效。

對城市的小孩而言，抽抽樂、洞洞樂、竹筷槍、鞭陀螺、踩高蹺、滾鐵環等古早味的童玩遊戲，幾乎都是陌生而沒有接觸過的，不要說沒玩過，有很多童玩物品更是連見都沒見過。

今天的作文課，我們就要把抽抽樂這種有趣的玩具，用來當作鼓勵孩子發表看法的獎品。孩子每次上台發表後，就可到台下抽一個籤，每支籤所附的獎品都不一樣，以增加遊戲的刺激性。

本課舉辦的吹牛大賽，也是以抽籤的方式，讓每個孩子抽這些題目，並配合學習單，帶領孩子比較一下使用誇大法的句子，與平鋪直敘的簡單句子有何不同。最後，他們自己也能造出生動的句子。

因為人有對未知的好奇心，所以將抽籤運用在教學上，可增加活動的刺激感，提高孩子的學習興趣，讓課堂充滿歡樂的氣氛。

曾經在課後，一位學生的母親神色憂慮地問我：「老師，我的孩子個性很害羞，說話也很小聲，我很擔心他的學習狀況不好。」我驚訝地望著這位母親：「是嗎？可是他剛剛一直舉手，很想上台講話呢！我以為他是個活潑勇敢的孩子。」

毫無疑問，這樣的學習方式改變了內向孩子的學習力，也提升了孩子對課堂的參與度。

教學目標

❶能引導學生表達、溝通與分享自己的想法。

❷能激發學生的學習興趣，並刺激學生腦力激盪。

❸能夠將各種事物的特性放大，並正確地描述出來。

❹能夠將誇大修辭法靈活運用在作文上。

教學準備

教具：

童玩「抽抽樂」、吹牛比賽的題目、獎品。

教學內容規劃表：

教學主題	誇大法
說明主題的前奏	認識誇大法
配合學習單	誇大的句子好生動
教學活動	吹牛比賽
解釋題目	我最害怕的事
作文	作文

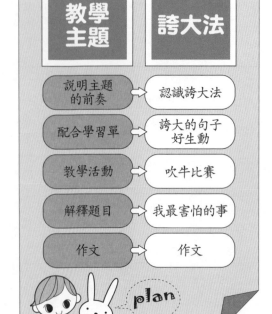

教具製作

名稱：吹牛比賽的題目。

製作步驟：

❶教師事先設定數個與誇大法有關的題目，並製成表格如左。

1	山很高
2	哭聲很大
3	地震來時
4	打哈欠
5	太陽很大
6	風很大
7	肚子餓
8	雨很大
9	從樓上摔下來
10	家裡很有錢
11	很臭的屁
12	發高燒
13	老師很兇
14	很漂亮
15	天空很黑
16	檸檬汁很酸
17	個子很矮
18	很溫柔
19	淹水時
20	天氣很冷
21	頭髮很油
22	長得很醜
23	房子很大
24	視力很好
25	走路

❷將題目剪下，當作籤條，並準備一個容器放置題目。

❸題目數量應與學生人數相當，或多於學生的人數。

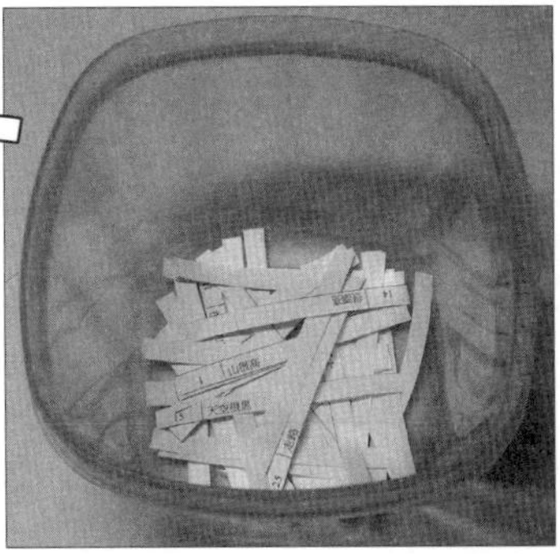

▲題目

教學活動

一、前奏

認識誇大法

我們寫作文時，為了使文章生動，或強調想表達的內容，可以把要描寫的人、事、物的特點先找出來，然後再運用誇大的技巧來描寫，這種寫法會給人誇張、強烈而有趣的印象。

另外，把事物形容得好像很小、很不起眼，或是很不重要，雖然是縮小的描寫，但也是誇飾的一種，只要描寫和事實不符合，而且相差太多的，都可以當作是誇張的形容。

小朋友最喜愛閱讀的童話，多數是用誇大法寫成，例如「大野狼與七隻小羊」。

故事中，野狼一口氣吞掉六隻小羊，當牠吃飽睡著後，卻被羊媽媽拿剪刀剪開肚皮，塞進許多大石頭，再縫合起來。最後，野狼睡醒了口渴，因為肚子太重，而跌入井裡。

在老師的引導下，孩子們開始提出疑問：「野狼怎麼可能一口氣吞掉六隻羊呢？牠不會噎住嗎？」或是：「野狼怎麼可能乖乖地被剪破肚皮呢？難道不必麻醉？」以及：「時鐘怎麼可能塞進一隻羊呢？」厲害一點的問：「為什麼小羊不會被消化掉？」

這些有趣的問題，代表孩子已能深入思考熟悉的童話故事，並且理解什麼是誇大法。

現在，我們就利用下面的學習單，帶領孩子認識誇大法。

配合學習單範例

誇大的句子好生動！

小朋友，請你比較下面的句子，看看左邊的句子和右邊的有什麼不一樣？然後用誇大法造句。

媽媽好兇。	⇨ 媽媽比獅子還要兇。
1. 弟弟講話很大聲。	⇨ 弟弟的聲音大到連外太空都聽得見。
2. 哥哥聽力很好。	⇨ 哥哥的聽力和美洲豹不相上下。
3. 我很怕拔牙。	⇨ 我每次去看牙，心情就像掉到十八層地獄一樣。
4. 爸爸很生氣。	⇨ 爸爸氣得頭上冒著火。
5. 小明肚子痛。	⇨ 小明肚子痛到在地上打滾。
6. 阿美很漂亮。	⇨ 阿美漂亮到讓人一輩子都不會忘記。
7. 學校離家裡很遠。	⇨ 學校距離我家簡直是十萬八千里遠！
8. 酸辣湯很辣。	⇨ 酸辣湯辣到我的嘴巴都快要噴火了！
9. 回家作業很多。	⇨ 我的回家作業堆得像小山一樣。

二、主曲

吹牛比賽

教師在活動開始之前，先講解遊戲規則如下：

❶活動採取搶答的方式，老師數到「三」，舉手最快的人可上台發表。
❷盒子裡有一些題目，請每個小朋友上來，一人抽一個題目。
❸拿到題目後，每個人要想一些誇張的形容，描述自己的題目。上台發表的人要先大聲讀出題目，然後講述內容。
❹講完之後，可在抽抽樂抽一個籤，下課後領取獎品。
❺每位在台下聆聽的小朋友，都要選出一個心目中最誇大的同學。最後得勝的人，可以得到神祕小禮物。

PART1抽籤造句

老師：等一下你們抽到題目，就要用誇大法的方式上來發表，例如抽到「腳很大」，你就可以講：「腳很大。我的腳很大，大到像一艘船，還可以載人呢！」好！現在每一排輪流上來抽籤。

（學生輪流抽題目）

老師：每一位發表過的人，到老師這裡抽一個籤，下課後就可以拿著籤來換一個禮物喔！現在每個人都有題目了，準備舉手，一！二！三！

學生1：風很大。風很大，大到可以把一

○一大樓給吹倒。
學生2：很漂亮。我的媽媽很漂亮，漂亮得可以迷倒全世界的人。
學生3：哭聲很大。妹妹的哭聲很大，像水龍頭的水一樣流個不停。
老師：這位小朋友的答案好像要修改一下喔！因為聲音大用水流不停來比喻不太適當，可以先回座想一想，等一下再舉手發表。再來下一位……一！二！三！
學生4：淹水時。淹水時，水激起的浪比熊的爪子還要兇，把人們抓走了。
老師：淹水是靜態的，通常不會有大浪。想一想，淹水時水的高度是不是會越來越高？等一下再上來發表喔！再下一位……一！二！三！
學生5：雨很大。雨很大，大得可以把地板擊破。
老師：形容得很妙！有時候大雨打在我們身上，都覺得很痛呢！
學生6：發高燒。弟弟發高燒，燒到頭頂都冒煙了。
學生7：地震來臨。地震來臨時，地面都裂開了。
老師：地震來時，地面裂開是正常現象，還有沒有更誇大的說法呢？
學生7：地震來臨時，地面裂開，像巨獸一樣把人吞掉。
老師：非常好！這句話有誇大，有譬喻，也有擬人，真的很棒呢！下一位……一！二！三！
學生8：天氣很冷。天氣很冷，冷到可以把滾燙的熱水結冰。
老師：這樣子是高速冷凍，真的很誇張！
學生9：個子很矮。弟弟的個子很矮，就

像不倒翁一樣。

老師：老師曾經看過遊樂場擺著比人還高的不倒翁，所以不倒翁不一定是小小的，還有其他誇張的比喻嗎？先回座想一想再發表喔。

學生10：老師很兇。老師很兇，比獅子老虎還要兇。

老師：哈哈，希望不是在說我。

學生11：很臭的屁。妹妹放的屁比臭鼬還要臭。

學生12：檸檬汁很酸。我買的檸檬汁很酸，酸到可以把腸胃融化掉。

老師：太可怕了，的確是有夠誇張！

學生13：視力很好。我的視力很好，連媽媽在國外做什麼都看得到。

學生14：走路。爸爸走路很用力，可以把房屋震垮。

學生15：太陽很大。太陽很大，大到把人的皮膚都曬焦了。

學生16：房子很大。我家的房子很大，一整天都還走不到廁所。

老師：這樣的房子真的很大，而且還像座迷宮一樣吧！

學生17：家裡有錢。同學家裡很有錢，錢多到可以把一〇一大樓裝滿。

老師：錢多到可以把大樓裝滿，那麼銀行的金庫肯定裝不下。

學生18：肚子餓。我的肚子很餓，餓到想吃人了！

學生19：個子很矮。姊姊的個子很矮，矮到快看不見了。

老師：如果你的姊姊聽了會很生氣吧？真的好誇張！

學生20：山很高。山很高，高到快要碰到臭氧層了。

學生21：很臭的屁。哥哥的屁很臭，連沒有嗅覺的人都聞得到！

老師：你和其他同學交換題目了？很好，如果小朋友有什麼想發表的題目，可以和其他人交換喔！還有，你的答案真的很誇張！

學生22：很漂亮。老師很漂亮，全世界的男生都看得目不轉睛。

老師：啊！希望妳說的是真心的。哈哈！

學生23：淹水時。淹水時，水漲的高度都快比雲高了。

學生24：天氣很冷。天氣很冷，冷到每個人都要穿一百件的衣服才行。

學生25：天很黑。天很黑，簡直比墨汁還要黑！

老師：大家的表現都很棒，剛才有三位小朋友還沒發表完，請上來發表吧！

學生3：哭聲很大。妹妹的哭聲大到天都快崩塌，太陽都要跳下來抗議了。

老師：哇！你真的是「太誇張了」！好棒喔！

學生4：頭髮很油。爸爸的頭髮很油，蒼蠅站在上面都會滑下去。

學生9：個子很矮。弟弟的個子很矮，害我要拿著放大鏡找才行！

老師：你的弟弟真的很「迷你」耶！好，現在我們開始提名最誇大的小朋友，選出三位候選人，一人一票。

PART2表決時間

老師：剛才大家已經選出三位最誇大的小朋友，請這三位上來再抽一個題目，我們大家一起評分，選出最會吹牛的同學。

學生1：個子很矮。妹妹的個子很矮，比螞蟻的小腿還要矮。

學生2：太陽很大。太陽很大，可以把每個人都曬成了炭。

學生3：天氣很冷。天氣很冷，冷到所有的人都變成了冰塊。

老師：大家都聽清楚了沒？好，現在請大家表決。

（表決後剩下兩位，再決賽一次）

學生1：打哈欠。妹妹打哈欠時吐出來的氣，可以把人吹到外太空去。

學生3：房子很大。我家的房子很大，大到比美國的土地還要大。

（選出答案最誇大的小朋友，得勝者為學生1）

老師：頒獎時間！恭喜這位小朋友獲得「最會吹牛獎」，掌聲鼓勵！

活動精靈

❶本活動將搶答遊戲、抽籤與童玩結合，目的是激發學生對課程內容的參與投入。舉手搶答考驗學生的反應力，抽籤可以製造刺激感，而「抽抽樂」更是一種懷舊而趣味性豐富的童玩。每個人抽到的糖果口味都不太一樣，下課之後，學生還會互相交換，蒐集各種不同的口味。

❷老師應給予每位學生發表的機會，讓人人有獎。這樣的課程設計，使平常很少舉手發言、個性害羞內向的學生，也十分熱烈地投入，迫不及待被老師點名上台發表，製造出來的課堂氣氛極佳。雖然有些學生在上台發表時，還是表現出膽怯的模樣，但老師可以輕拍學生肩膀，從旁補充說明，或是帶動全班同學掌聲鼓勵，以協助學生順利發言。

三、尾聲

作文

❶公布作文題目：我最害怕的事。

❷解釋題目。

❸開始習作，教師巡視指導。

我最害怕的事

我最害怕考試了！每次聽老師說要考試了，我的臉就會燙燙的，心也怦怦亂跳，又像掉入了沒有底的井裡，整晚一直作惡夢。最糟的是，如果考不好，就會被媽媽打得「皮開肉綻」，所以我最害怕考試。

通常在考試的前一天，我就會覺得頭皮發麻，像被雷打到似的，全身的雞皮疙瘩都冒出來了。考試前，我也很容易拉肚子，像有好幾隻老鼠在我的肚子裡，鑽來鑽去，弄得我痛得不得了，只好吃吃胃腸藥，然後躺在床上休息。真的，每次都是這樣！

到了考試的當天，我面對著陌生的考卷，只覺得一陣暈眩，全身都在不停地發抖。我拿著筆，臉色快速地發白，但很快又回到現實，回到眼前的考卷。雖然眼前的題目是很難的，但我想，我還是能咬著牙度過這一關。

祝我好運吧！

第六課

譬喻法

我爸爸像……

第六課

譬喻法 我爸爸像……

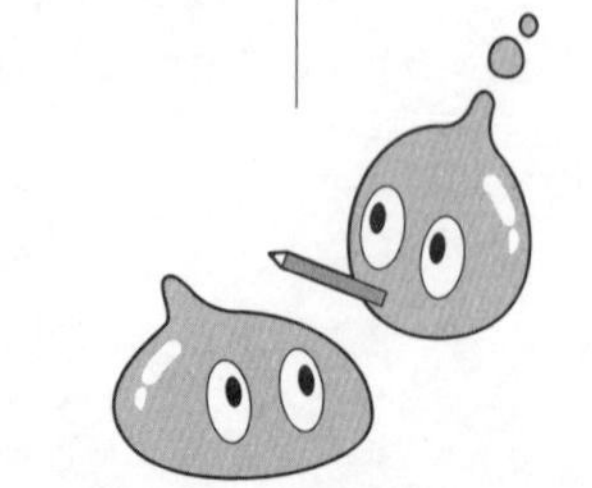

對孩子來說，欣賞繪本是一種樂趣，孩子可以在美麗的圖畫中，尋找自己最喜歡的角色，進行角色替換，以滿足他們對世界的好奇。

大人帶著孩子閱讀繪本，就像為孩子開啟了一扇窗，透過美麗的圖畫與簡單的文字，拓展孩子對美的欣賞力與想像力。繪本中包含豐富的意象、瑰麗的色彩，能帶領他們超越眼前的限制。

利用繪本教學，是指運用繪本圖文並茂的特性，讓學生從圖畫及文字中，了解故事的內容，即使繪本的文字和圖畫表現簡單，學生也能在教師的引導下，增進自己的觀察力。教師善用繪本可以拓展學生的視野，激發學習的潛能，是很好的教學法寶。

教師可視課程的需要，挑選適合的繪本來發展教學活動。然而我們不一定要因為孩子的年紀較大，就放棄文字較少的繪本，因為我們教學的重點在觀察，文字的多寡並不是最重要的。

本課的教學主題是譬喻法，我們挑選《我爸爸》這部繪本，其內容可作為譬喻法的教學，以及對誇大法的回顧。

另外，引導過程的氣氛營造，與教師說話的聲音、表情息息相關，在看完繪本後，與學生討論故事情節、圖畫細節和人物的表現，也是教學重要的一環。

教學目標

1. 能夠認識譬喻修辭，並運用在作文上。
2. 能讀懂繪本圖畫的細節，增進觀察力。
3. 能欣賞繪本的文字表現，印證學到的寫作技巧。

教學準備

教具：繪本《我爸爸》。

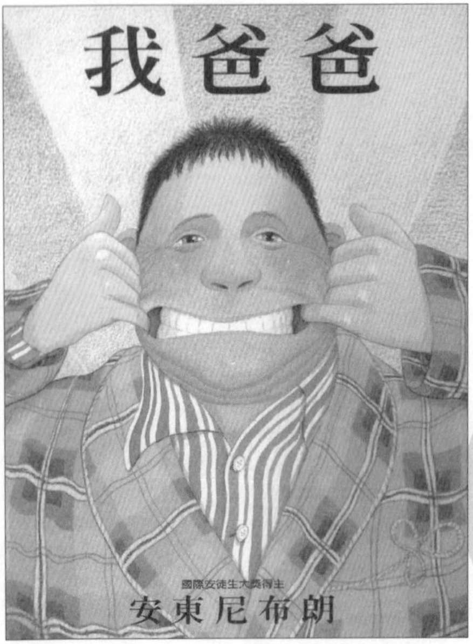

作者：安東尼布朗
出版社：格林文化　　出版日期：2006年4月

教學內容規劃表：

教學主題	譬喻法
說明主題的前奏	認識譬喻法
配合學習單	聽音樂，找譬喻
教學活動	閱讀繪本
解釋題目	我爸爸像……
作文	作文

教學活動

一、前奏

認識譬喻法

PART 1 譬喻的特徵

我們寫文章時，有時為了把事物或感情表現得更生動，使別人容易理解，通常會用比喻的方法來加以描寫，這種修辭方法就叫作譬喻法。

譬喻法可以用來描寫人或物的外表、個性和特質，通常是拿某樣事物去形容另一樣事物，而且這兩種事物必須要有共同點，或是相似的地方，才能夠彼此作為比喻喔！

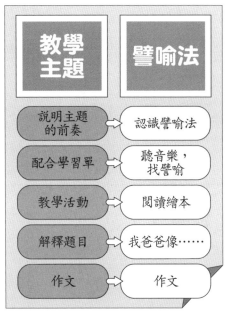

例如，常常有人說：「你和你哥哥長得好像喔！」你和哥哥的共同點就是長相相似，而且都是同一個父母所生。當你們長大一點，有的男生喜歡女生，就會對那個女生說：「妳的眼睛像星星一樣明亮。」是把女生的「眼睛」比喻為「星星」，兩者的共通點就是「明亮」，女生聽了都會很開心的！

從老師舉的例子，就知道譬喻法的句子有一個簡單的規則：

A像B

或

A是B

大家都知道了吧，譬喻法有一個很容易辨別的特徵喔！只要小朋友看到像、是、就像、好比、好似、如、般……等詞語，就知道那是用譬喻法造的句子了！

PART2 聽音樂，找譬喻

小朋友，你們都很喜歡聽流行歌曲，但常常沒有很仔細地讀這些歌詞，其實在這些耳熟能詳的歌詞中，就隱藏許多很棒的修辭方法喔！現在，老師先播放幾段歌曲，每一段都只有十幾秒，請你們一邊聽音樂，一邊看著學習單，然後試著找出藏在歌詞裡面的譬喻法吧！

配合學習單範例

聽音樂，找譬喻

小朋友，聽完好聽的歌曲，看過下面的歌詞後，你能不能找出含有譬喻法的句子呢？請你找出來，並將答案寫在括弧裡。

① 蔡依林　許願池的希臘少女　　作詞：黃俊郎

少女手中的銀幣　沈入池裡
她的表情像漣漪　那麼透明美麗
吉他換成了快樂的圓舞曲
詩人決定了標題　許願池的希臘少女

⇨這句歌詞是用（漣漪）來比喻（表情）。

② 香香　老鼠愛大米　　作詞：楊臣剛

我愛你愛著你　就像老鼠愛大米
不管有多少風雨　我都會依然陪著你
我想你想著你　不管有多麼地苦
只要能讓你開心　我什麼都願意　這樣愛你

⇨這句歌詞是用（老鼠愛大米）來比喻（我愛你）。

③ 周杰倫　七里香　　作詞：方文山

秋刀魚的滋味　貓跟妳都想了解
初戀的香味就這樣被我們尋回
那溫暖的陽光　像剛摘的鮮豔草莓
妳說妳捨不得吃掉這一種感覺

⇨這句歌詞是用（鮮豔草莓）來比喻（陽光）。

④ 蕭亞軒　後來的我們　　作詞：黃俊郎

回憶像慢慢遠離的車燈
我們都帶著悲傷的眼神
剩一個人　還能不能
唱出最溫暖的歌聲　誰愛得比較深

⇨這句歌詞是用（慢慢遠離的車燈）來比喻（回憶）。

活動精靈

❶教師可帶領學生聆聽歌曲，再從學習單找出使用譬喻法的歌詞，並解說修辭的用法及歌詞意境。

❷播放音樂的時候，可以鼓勵學生一起唱歌，課堂氣氛將變得溫馨而輕鬆。

二、主曲

閱讀繪本

PART 1 繪本介紹

安東尼布朗的作品，有其獨特的繪畫語言，那就是圖畫裡的每個物件，都不只是表面的樣子，背後還有更深層的東西，有許多「暗號」藏在圖畫裡，因此充滿探索的樂趣。

在《我爸爸》這本書裡，作者讓穿著爸爸睡袍的馬、魚、大猩猩和河馬，以小朋友式的超現實想像，呈現出爸爸在孩子心中的地位。

我們在閱讀的過程中，發現孩子對於找尋這些隱藏在圖畫裡的小紅帽、三隻小豬、棒球、橄欖球、足球和網球等物件，非常有興趣，教師可以讓孩子們玩玩「找碴」的遊戲，營造歡樂的氣氛。本書文字簡短，但多以「我爸爸像」來敘述，符合本課的教學主旨。

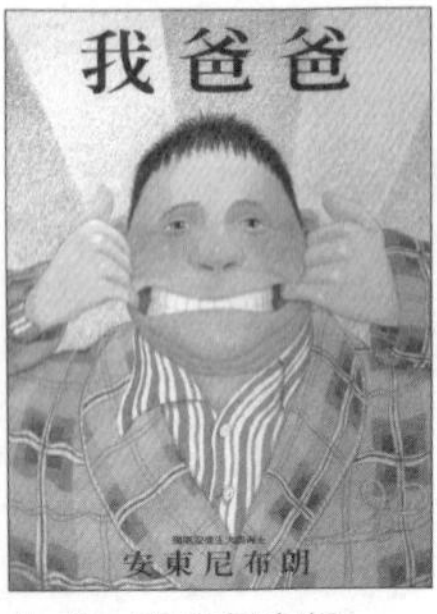

作者：安東尼布朗
（格林文化出版提供）

PART 2 引導觀察

今天我們看的這本書《我爸爸》，內容是講一個小男孩對他爸爸的感覺，他用了很多奇妙的比喻來形容他的爸爸喔！作者是安東尼布朗，是英國很有名的插畫家，得過國際安徒生大獎。

故事中的小男孩一開始就說：「這是我爸爸，他真的很酷！」是怎麼樣的「酷」呢？小男孩說：「爸爸什麼都不怕，連大野狼都嚇不倒他。」你們看作者畫了一隻大野狼向爸爸撲過去，可是爸爸表現很有自信的樣子，完全不怕呢！野狼後面的樹木還躲了三隻小豬和小紅帽，為什麼呢？因為這些故事都有大野狼的角色啊！作者在這裡跟小朋友開了一個玩笑呢！

接著，小男孩告訴我們爸爸有哪些「特異功能」。他說爸爸可以跳過月亮、會走鋼索、敢和巨人摔角，表示爸爸跳得很高、平衡感很強，而且力氣很大，又說爸爸輕輕鬆鬆就跑了第一名，贏了其他人的爸爸，表示爸爸跑得很快，真的是一個很酷的爸爸！

爸爸還像什麼呢？小男孩說爸爸吃得像馬一樣多，游泳像魚一樣靈活，又像猩猩一樣強壯，整天像河馬一樣笑咪咪的，爸爸和這些動物一樣厲害！作者將爸爸的頭畫成了馬、魚、猩猩和河馬的頭，來表示爸爸的身上有這些動物的特質喔！

小男孩又說爸爸長得非常高大，看起來像棟大房子，作者在爸爸的背後畫了一個和爸爸一樣比例的房子，造成錯覺，看起來爸爸真的和房子一樣高，他又把爸爸畫成玩偶熊，表示爸爸像玩偶熊一樣地溫柔。爸爸又像貓頭鷹一樣聰明，帶著博士帽，博學多聞，但有時也會做點傻事，在圖畫裡面，他的頭一下子變成貓頭鷹，一下子又變成看起來笨笨的「刷子頭」髮型。

男孩說，爸爸有時候是個舞蹈家，也是個歌手，踢足球的技巧也很棒，作者將足球場上的樹木畫得像各種球類，有棒球、橄欖球、足球和網球，好有趣！爸爸還常常逗小男孩笑，他衣服上的釦子也被畫成了笑臉呢！最後，小男孩說：「我愛我爸爸。」你們看，爸爸的衣服鈕扣又變成了太陽呢！這就是像太陽一樣溫暖的爸爸！小男孩父子開心地抱在一起，感覺好幸福喔！

老師：小朋友，看過了這部繪本，你們算一下這本書裡，小男孩總共使用幾個譬喻來形容爸爸呢？你可以說出來嗎？

學生：一共有七個地方使用譬喻法，有：我爸爸吃得像馬一樣多、游泳時像魚一樣靈活、像大猩猩一樣壯、像笑咪咪的河馬、看起來像大房子、像泰迪熊一樣溫柔、像貓頭鷹一樣聰明。

老師：作者又使用了哪些誇大法形容爸爸呢？

學生：連大野狼都嚇不倒爸爸、他一跳可以飛過月亮、敢和巨人摔角、是偉大的舞蹈家和了不起的歌手。

老師：你們的觀察很仔細喔！不管是譬喻或誇大，都是小男孩對他父親的想像，非常地生動精采。好，我們看完書裡面的爸爸了，你們可以想一想，自己的爸爸有沒有比小男孩的還厲害呢？你們的爸爸是做什麼工作的？長什麼樣子？身材怎樣？還有，爸爸的個性是很兇呢？還是很溫柔？等一下，老師就請大家寫一篇作文，介紹自己的爸爸。

三、尾聲

作文

❶公布作文題目：我爸爸像……。
❷學生可根據寫作材料自訂題目。
❸開始習作，教師巡視指導。

我爸爸像

我爸爸像汽車的喇叭，生氣的時候，嘴巴會「ㄅㄨ……ㄅㄨ……」地發出聲音，但是卻沒有任何行動。因為爸爸是個好脾氣的人，就算我再怎麼調皮，他也只是頭上冒出許多煙，眼睛瞪得像牛一樣大而已。

我爸爸的身材像河馬一樣，胖胖的，很有分量。他的下巴像鵜鶘一樣寬，像可以捕魚似的，睡覺的時候會發出「呼嚕呼嚕」的聲音，吵得媽媽很生氣。有一次，媽媽偷偷錄下爸爸睡覺的聲音，再放給他聽，那聲音聽起來就像打雷，爸爸聽了，眼睛又瞪得像牛一樣大了。

我爸爸像我的好朋友，又像我的好兄弟，我們常常一起出去打球，不然就是在家裡看球賽，打電動。爸爸像個博士一樣，我不會寫的數學題目，對他來講都很容易，一下子就幫我解決了！

我喜歡我的爸爸！

第七課

擬人法

橡皮擦的心事

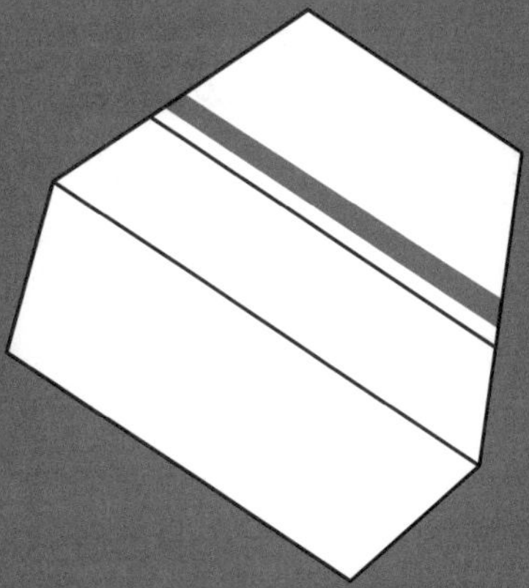

第七課

擬人法 橡皮擦的心事

所有的孩子都喜歡假裝成另一個人，或另一種角色。

本課的角色扮演是戲劇角色扮演的延伸變化，透過故事和問題情境的設計，讓孩子在設身處地的情況下，扮演故事中的角色，以增進學生的觀察力與想像力。

角色扮演使得學習不再是單方面的接受，孩子在角色扮演的過程中，將想像力發揮到極致，並獲得學習的樂趣，引發孩子對學習的主動性。

今天作文課的主題是「擬人法」，由於擬人法是把無情的物，用有情的人來比喻，所以，我們配合作文題目，將孩子設想為文具用品，讓他們假扮這些文具，彼此對話、聊天，造成有趣的現象。

在引導的過程中，讓孩子自己決定要當哪一種文具，決定自己的長相，並配合認識擬人法修辭的學習單，使孩子對擬人法有清楚的認識，並能成功地將學到的技巧使用在寫作上。

「橡皮擦的心事」或「鉛筆的心聲」，被許多學校的師長拿來命題過，很多學生也都寫過了，內容均不脫：「每天，我都和橡皮擦、圓規、原子筆住在一起。主人天天把我削得尖尖的，保持整潔、乾淨，還將我們裝進鉛筆盒裡，真是謝謝你。」描寫十分單調。本課將角色扮演，應用在寫作前的引導，孩子將寫出極具趣味性的文章。

教學目標

❶能夠透過角色扮演想像非生物的世界。

❷能夠從不同角色的立場去看問題。

❸能夠清楚了解擬人法在作文上的運用。

教學準備

教學內容規劃表：

教學主題	擬人法
說明主題的前奏	認識擬人法
配合學習單	擬人修辭在哪裡？
教學活動	角色扮演：我們都是文具用品！
解釋題目	橡皮擦的心事
作文	作文

教學活動

一、前奏

認識擬人法

擬人法就是將不是人類的事物，加上人的特徵，讓單調的事物也能變得有趣動人，它可以使一支鉛筆，有人的思想感情，有朋友、有家人，甚至有住的房子，也可以讓月亮和星星在夜晚聊天，然後發生一些有趣的故事。

此外，小朋友有沒有發現，許多童話故事都是用擬人法寫成的喔！例如有名的「三隻小豬」與「小紅帽」。

「三隻小豬」裡面的豬兄弟，每個都會蓋房子耶！而「小紅帽」裡面的大野狼，不但會說話，還會假扮成小紅帽的外婆去騙人。

最妙的是「七隻小羊」的故事。當七隻小羊知道野狼來了，就到處躲藏，有的躲在床底下，有的躲在時鐘裡面，有的躲在桌子下面，結果被野狼一一地找出來吃掉。最後的一隻小羊躲得很好，沒有被發現，等牠逃出去以後，還跟羊媽媽哭訴呢！

連很有名的故事書《小王子》也使用擬人法。

有一天，一顆玫瑰的種子飄落在小王子那裡，小王子用心地種植，親自澆水、除蟲，長成後的玫瑰很漂亮。習慣了小王子照顧的玫瑰，不斷地提出要求，又要屏風，又要玻璃罩，由於小王子很珍惜玫瑰，所以一一滿足了她的要求。可惜玫瑰一點也不感謝，還變本加厲提出更多的要求，最後，小王子選擇了離開。

這些都是擬人法的使用喔！

現在，就請小朋友利用學習單，將下列句子中，出現擬人修辭的詞語圈選出來，然後填入括弧裡吧！

配合學習單範例

擬人修辭在哪裡？

小朋友，下面有一些句子，每個句子裡面都躲了幾個擬人修辭喔！請你一個一個地找出來，然後把它們填寫在右邊的括弧裡。

1. 風兒頑皮地把人們的帽子打下來。——（頑皮、打）
2. 螢火蟲拿著手電筒，在黑暗中找到回家的路。——（拿著手電筒）
3. 蘋果害羞地紅著臉蛋。——（害羞、紅著臉）
4. 雲是個很有天分的畫家，為天空畫上美麗的色彩。——（畫家、畫上）
5. 烏龜對兔子說：「我們又不趕時間，跑那麼快做什麼呢？」——（烏龜對兔子說）
6. 春姑娘為大地披上一件翠綠色的新衣。——（春姑娘、披上）
7. 海浪溫柔地輕撫著沙灘。——（溫柔、輕撫）
8. 螢火蟲提著燈籠，幫夜歸的人找回家的路。——（提著燈籠）
9. 雪融了，小草就偷偷地從地底下鑽出來了。（偷偷、鑽）
10. 花兒看到強風吹來，就嚇得掉了滿地的花瓣。——（看、嚇）

二、主曲

角色扮演：我們都是文具用品！

（一）準備活動

本課的角色扮演對象，為文具用品的鉛筆和橡皮擦，教師先讓學生自行選擇要扮演鉛筆或橡皮擦，再提出事先設計好的問題，與學生作討論。

A 請選擇鉛筆的學生起立，教師發問，每個問題都以「如果你是鉛筆」開頭：

❶如果你是鉛筆，被削鉛筆機削尖時，你覺得怎樣？

❷如果你是鉛筆，你最重要的是哪個部位？

❸如果你是鉛筆，你走過的地方一定會留下什麼？

❹如果你是鉛筆，你的身高會一天比一天怎樣？

❺如果你是鉛筆，你對主人有什麼幫助呢？

B 請選擇橡皮擦的學生起立，教師發問，每個問題都以「如果你是橡皮擦」開頭：

❶如果你是橡皮擦，你會時常製造什麼東西出來？

❷如果你是橡皮擦，你被用到剩下一小塊就會有什麼遭遇？

❸如果你是橡皮擦，你和鉛筆的關係是怎樣？

❹如果你是橡皮擦，你的橡皮擦同伴們有哪些形狀呢？

❺如果你是橡皮擦，你對主人有什麼幫助呢？

討論完上面的問題，教師可將全班分成四到五組，協助孩子調整座位，讓同組的學生坐在一起。

角色扮演的時候，擔任各角色的學生分組，以自我介紹的形式，來模擬鉛筆和橡皮擦的想法，教師可從旁協助。

角色的假想情境是幾個文具用品彼此自我介紹，內容如下例：

❶我是一支鉛筆，名字叫作小明。

❷我的身材高高瘦瘦的，身上有紅、藍、白三種顏色的條紋。

❸我的文具好朋友是直尺，因為他總是幫助我走路走得很直。

❺我討厭的文具是橡皮擦，因為他總是把我寫的東西擦掉，害我得再重寫一次。

活動精靈

❶準備活動時，由教師提出與鉛筆、橡皮擦有關的問題，讓學生了解角色扮演的內容。

❷活動過程中，如何引導個性較內向害羞的孩子，是教師需要費心的問題。建議教師技巧性地分組，讓內向的孩子與同班好友分配同一組練習，減少內向孩子的焦慮。在內向的孩子尚未習慣在同學前陳述看法前，老師可安排他和一至二位好友

同組，讓他能比較自在地表達。

❸分組的目的是為讓學生透過角色扮演，以鉛筆、橡皮擦或其他文具的「身分」，學習將無生命的物體擬人，對同學作自我介紹，使擬人更生活化。

❹每組約在四到五個人，如此每位學生對話練習的機會才能平均。為避免分組活動占用掉課堂大部分的時間，座位的分配應事先規劃，減少搬動桌椅造成的時間浪費。

（二）發展活動

PART 1 引導

老師：各位小朋友，請你們想像一下自己是文具用品。如果你是文具，你會住在哪裡呢？

學生：住在鉛筆盒裡。

學生：住在書桌抽屜。

學生：有時候會住在主人的背包裡。

老師：那麼，你有沒有兄弟姐妹呢？

學生：有，主人有好多、好多筆，全部都是我的兄弟姐妹！

學生：其他的文具像是鉛筆、尺、圓規等等，也都是我的兄弟姐妹。

老師：好，請各位小朋友看看黑板，選出你想要當鉛筆，還是要當橡皮擦。大家都選好了嗎？要當鉛筆的人請舉手。

（選擇鉛筆的學生們舉手）

老師：很好，請放下。要當橡皮擦的人請舉手。

（選擇橡皮擦的學生們舉手）

老師：老師：好，請放下。老師想要當橡皮擦喔！所以大家要叫我「橡皮擦」老師。現在，請所有的鉛筆站起來，老師有幾個問題想問你們。

（所有鉛筆學生起立）

老師：現在你們是鉛筆，老師想問你們，當你們被削鉛筆機削尖時，會覺得怎樣？

學生：會好痛、好痛喔！這是一件痛苦的事。

學生：像是被放進絞肉機裡面吧！太可怕了！

學生：會覺得很開心啊！因為是主人幫我作美容。

學生：會製造很多垃圾出來，讓環境變得很髒吧！

老師：大家都很有創意耶！老師再問你們，你身上最重要的是哪一部分？

學生：是筆芯啊！沒有筆芯就不能寫字了。

學生：我覺得是筆頭，沒有頭的話也不能寫字啊！

學生：應該是外面的這層木頭吧，沒有這層殼，主人也沒辦法握著我的筆芯寫字啊！

老師：對喔！握著筆芯寫字，筆會很快就斷了。再請問，你們走過的地方一定會留下什麼呢？

學生：會留下痕跡。

老師：痕跡就是「筆跡」，還有呢？

學生：就好像鉛筆走過的地方都會掉下一些東西，像是錢啊之類的。

老師：這個設想也很特別喔！你可以想像

鉛筆是有錢的身分，然後再推想下去。再問你們，身為一支鉛筆，你的身高會一天比一天怎樣？

學生：當然是會越來越矮囉！

學生：可是主人都不用的時候，我的身高就沒什麼變。

老師：為什麼主人不用你呢？

學生：可能是我的衣服穿得不夠漂亮吧！

老師：有道理，人們買鉛筆的時候總是會注意外表的。像你們當鉛筆的，對主人有什麼幫助呢？

學生：可以幫主人寫功課和考試啊！

學生：可以讓主人畫出美麗的素描。

老師：還可以做很多的事吧！等一下寫作文的時候要寫出來喔！好，請鉛筆們坐下。

（鉛筆學生坐下）

老師：現在請橡皮擦們站起來。老師問你們，你們橡皮擦有哪些形狀呢？

學生：很多種啊！有星星、圓型、正方形、長方形等等，長的短的都有。

老師：像你們當橡皮擦的，會時常製造什麼出來呢？

學生：橡皮屑。

老師：這些屑屑很像我們人的什麼呢？

學生：像人的頭皮屑一樣！

老師：對了！還有沒有其他想法呢？

學生：橡皮擦一直掉頭皮屑，到最後會變成光頭吧！

老師：沒錯，真的是很有意思的想法。老師再問你們，如果你被用到剩下一小塊，會有什麼遭遇呢？

學生：會被主人丟掉。

學生：會被拋棄，實在太可怕了。

老師：這樣橡皮擦會難過吧？有沒有什麼方法可以不被丟掉呢？

學生：我就不讓主人用我。可是這樣好像表示主人不喜歡我。

老師：很矛盾對不對？你可以好好地想一想喔！老師再問，你們和鉛筆的關係是怎樣？

學生：是好朋友，因為鉛筆寫錯的字，我會幫他擦掉。

學生：是好朋友啊，因為我們是「合體」的。

老師：「合體」？

學生：很多鉛筆的頭上不是都有一塊橡皮擦？

老師：對，沒錯！果然你們和鉛筆的關係很密切。

學生：可是我覺得鉛筆是我們的敵人，因為他動不動就在我們身上刻字。

老師：啊？這樣很痛吧！你們一定很生氣。

學生：鉛筆在我們身上刺青，害我們變得很醜很醜。

老師：你們說說看你們對主人有什麼幫助呢？

學生：可以改變主人犯的錯。

學生：可以擦掉所有讓人不喜歡的東西。

學生：我們還可以擦掉腳印、灰塵等髒東西，讓紙張恢復潔白喔！

老師：非常好，請橡皮擦同學坐下。

PART2分組

老師：現在我們開始分組，五個人一組，開放一些時間讓大家聊天。

（協助學生分組及調整座位，發角色扮演卡，

讓學生拿在手上）

老師：老師要每一組的每個文具用品，都要自我介紹，聊一聊。請開始！

小組示範：

王小明：大家好，我是王小明鉛筆，我長得高高瘦瘦的，張小凱橡皮擦是我的好友。

張小凱：我是張小凱橡皮擦，我很矮，身材圓圓胖胖，王小明鉛筆是我的好朋友。

吳小樺：我叫吳小樺鉛筆，愛穿粉紅色衣服，我喜歡主人常常用我。

陳小怡：我是陳小怡鉛筆，我很愛乾淨，所以討厭橡皮擦在鉛筆盒裡面製造垃圾。

林小如：我是一塊橡皮擦，叫我小如就好。我是很愛乾淨的，喜歡擦掉髒髒的東西。

三、尾聲

作文

❶公布作文題目：橡皮擦的心事。
❷解釋題目。
❸開始習作，教師巡視指導。

橡皮擦的心事

親愛的主人，我希望你能夠好好地對待我，不要再拿鉛筆在我身上刺青，或是拿小刀割我了，因為這麼做會讓我很痛，而且也會破壞我的美麗。也不要把我身上包的那張包裝紙撕掉，那可是我的衣服呢！

沒有穿衣服真的很冷。請主人要愛惜我喔！

主人，我偷偷地告訴你，圓規常常趁你不注意的時候，用他長長的腳踢我，還把我的身體戳出很多個洞，立可白也非常不禮貌，每次和大家吵架，就吐出白色的口水。你不在家的時候，每個文具用品都很不乖，只有我靜靜地躺在鉛筆盒裡。

我也希望主人不要常常使用我，因為如果你一直用我，我的身體就會變得越來越小，當我小到讓你沒辦法拿著我擦東西時，可能就會被你丟掉，而且你從此以後就再也不理我了。

我知道，總有一天，我會離開你的身邊，但我還是希望主人能夠實現我的願望，將我放在書桌上觀賞就好，這樣我才不會太早離開你，可以永遠陪伴著你。

第八課

建立結構概念

海邊露營記

第八課

建立結構概念 海邊露營記

許多孩子寫作時，都有不分段、段落沒有邏輯次序及首尾不連貫的毛病。今天的作文課，就是要訓練孩子基本的文章結構概念，學會段落的安排。

文章結構是作文重要的一環，一篇作文由好幾個「段落」組成，而實際上，每個段落只能表達一個觀念和主題。本課使用看圖作文的方式，以四幅圖畫為題材，一幅圖就是一段文字，學生根據畫面內容來寫作，再由段落寫作學會短文寫作。

教學採用的圖片內容，需要教師的精心挑選，圖片內容應以能自由排列組合為原則，並能由組合的過程中，變化出不同的內容，甚至可以發展出不同的故事結局。

進行看圖作文的步驟，首先是

細審畫面，教師事先針對圖畫內容設計問題，利用發問，引導學生讀懂圖畫的意思。對於畫面上的人、事、景、物，都要細心觀察，要分辨清楚畫中的內容，才可據此寫出故事，寫出人物形象，寫出某種意義。

其次，要豐富細節，對內容加以必要的補充，或是運用修辭美化文字。寫作時，可讓學生自由組合圖畫，給予孩子發揮創意的空間。

不論孩子對圖畫順序作何種排列組合，只要四幅畫的內容都寫到，而且敘述合理、符合邏輯、句法正確、標點符號都用對，就能得到不錯的成績。

教學目標

❶能具備對文章結構的基本概念。
❷能適當安排文章的段落。
❸能激發寫作的創意、想像力與觀察力。

教學準備

教具：四張A4大小的圖畫。

教學內容規劃表：

教學主題	建立結構
說明主題的前奏	認識文章結構
配合學習單	看圖段落寫作
教學活動	組合圖畫說故事
解釋題目	海邊露營記
作文	作文

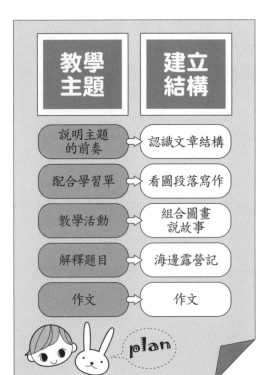

教具製作

名稱：海邊露營記示意圖。

說明：

❶ 教師可自行繪製圖畫，也可利用本書光碟所附的圖片。

❷ 教學活動時，須列印此四張圖卡，以便帶領學生進行觀察。

教學活動

一、前奏

認識文章結構

什麼是文章結構呢？

文章結構就像蓋房子，鋼筋骨架就是房子的基本結構。如果拿人體來比喻，人身上的骨頭就是人體的結構，然後才是肌肉，沒有了骨架就沒辦法把身體撐起來，就像得了「軟骨症」。

我們首先要知道，一篇作文是由好幾個「段落」組成的，小朋友學寫作文，要了解什麼是「起承轉合」，然後學會把作文分成四段來寫，等到你們學會分段以後，就可以按照寫作內容的需要，把文章分成好幾段了。

什麼是起、承、轉、合呢？這四個東西可是非常重要的喔！老師用「灰姑娘」的故事來說明：

「起」是故事的開頭。如果講灰姑娘的故事，說故事的人，就要在這裡先介紹灰姑娘的家庭背景。灰姑娘原本過著幸福的生活，後來爸爸娶了後母，就受到後母和姐姐的虐待，做著僕人的工作，過悲慘的生活。

「承」就是進一步地去發展故事。某一天，王子要選新娘，辦了一個舞會，歡迎全國的少女來參加。灰姑娘也很想去，但是後母和姐姐卻不答應，甚至把她關起來。小朋友會想到，灰姑娘要怎麼脫困呢？應該怎麼解決問題呢？有沒有人會來救她？在這裡就進入「轉」。

「轉」是故事最精采的地方，也就是故事的「高潮」。灰姑娘被關起來，仙女和動物們出現，幫助她逃跑，還將她打扮得非常美麗和王子跳舞。但是當鐘聲響了十二下，灰姑娘趕著回家時，卻掉了一只玻璃鞋，王子便拿著鞋子拚命找她。「轉」的部分最精采，內容最豐富，大家會想，結果到底是怎樣呢？他們倆會不會在一起？有一種期待的感覺。

最後是「合」，也就是文章的「結尾」。經過一些阻礙，王子終於找到灰姑娘，兩人就愉快地生活在一起，後母和姐姐也受到處罰了，大家都喜歡看這樣的結局！

起、承、轉、合就是作文的一、二、三、四段，童話故事可以分成這樣的結構，小朋友也可以這樣把作文分成四段。

讓我們先從文章的一個段落開始練習，請大家看著學習單上的圖畫，把它們寫成一段文字。記得，每一張圖片只能寫一到兩句話，然後再把這些話組合成一段文字。

配合學習單範例

看圖段落寫作

小朋友，請根據圖畫的提示，寫一段文字來描寫圖片的情節，每一張圖片，只要寫一到兩句話就可以。加油！

題目一

1. 一大早，小女孩背著書包上學去。
2. 走到一半天上突然閃電打雷，開始下起大雨來。
3. 害小女孩的全身都溼透了。

題目二

1. 過年到了，家家戶戶的門上都貼著春聯。
2. 媽媽拿著掃把打掃庭院的落葉。
3. 接著，開始洗全家人的衣服。
4. 最後媽媽才把垃圾包起來拿去丟掉。

二、主曲

組合圖畫說故事

做完了學習單，小朋友已經知道一個段落要怎麼寫了。現在，再看看老師手上這四幅圖畫，想一想該怎樣重新組合，把它編成一個有趣的故事！

我們要做的第一件事情，是找出圖片中的人、事、時、地、物。

從圖1可以知道這是一家人，家庭成員有爸爸、媽媽、小孩和一隻狗。他們全家開車出去玩，天氣很晴朗，車頂上面載了他們的行李。想一想，這家人此時的心情，應該是怎樣呢？

圖2的地點是在海灘，地上有大陽傘、音響和大毛巾。圖畫裡有人在作日光浴，我們可以想像一家人躺在沙灘上，一邊聽音樂、一邊享受太陽晒在身上的溫暖，好快樂啊！這張圖畫的時間，可能是在中午或下午，你們看，太陽畫得好大！

圖3的地點應該還是在海邊，也許是晚上了，一家人搭好帳棚，想要在海邊露營，可是卻突然下起大雨，他們臉上的表情，說明心情的驚慌和失望。

你們覺得這家人會怎麼做呢？大家對這四張圖片有意見的話，可以發表喔！

學生：他們應該會立刻打包回家吧！下雨太掃興了！

學生：他們快樂地出發，很高興地玩了一個下午，雖然晚上下雨，但應該不可能那麼快就放棄吧？如果是我，就會等雨停了再繼續玩。

學生：我覺得他們可能正在玩，突然遇到下雨，所以臉上的表情才這麼驚慌。

學生：我的感想是，好不容易出門露營，竟然下雨了，真的很倒楣！

老師：大家都有自己的想法，很好！小朋友，你們還可以動動腦筋、運用想像力，看看這四幅畫是不是可以重新組合，再編寫成一個有趣的故事？你們可以不必依照圖的順序，自己組合看看，例如：1→3→2→4。

學生：咦？把圖1和圖3的順序顛倒，心情就完全不一樣了！

學生：一家人很快樂地出去玩，露營的時候突然下雨，心情很失望，不過第二天又是晴天了，大家玩得很開心！

老師：小朋友有沒有發現，我們把圖片的順序掉換，故事就從樂極生悲變成先悲後喜，你們比較喜歡哪一種呢？再想像一下海邊露營的結局會變成怎樣？你們可以幻想圖片的人就是自己嗎？寫作文的時候，請你們用一張圖片寫成一段，總共要寫成四段，寫出自己喜歡的故事。

三、尾聲

作文

❶公布作文題目：海邊露營記。
❷解釋題目。
❸開始習作，教師巡視指導。

海邊露營記

今天早上，爸爸載我們全家去海邊露營。太陽高高地掛在天上，發出火紅的光芒，我心想，在這種天氣出門，一定可以玩得很開心，而且爸爸在出門前，還特地看過電視的氣象預報，說今天的天氣非常適合出遊喔！

到了露營的海邊，已經過中午了。我們把行李和露營用具放好，媽媽把毛巾鋪在沙灘上，躺著作日光浴；哥哥拿出他的收音機，聽著吵鬧的音樂；爸爸和我跑到海裡游泳。海邊的太陽看起來比平常還要大、還要熱，我們高興地在水裡玩，爸爸開心地說：「電視台的氣象播報，實在太準了！」

傍晚，爸爸媽媽開始搭帳棚。我們沒有搭過帳棚，爸爸和哥哥看了說明書，又討論好久，好不容易才把帳棚搭好。天色暗了，大家趕快把睡袋搬進帳棚裡，但就在這時候，竟然下起大雨！我們只好趕快把東西搬回車上，開車趕回家。

到家時，已經很晚了，爸爸打開電視看氣象報告，播報員說：「晚上海邊雖然下了一場雨，但是只下了幾分鐘，希望遊客的心情不會受到影響。」爸爸生氣地說：「電視台的氣象預報，根本就不準嘛！」

我想，不管怎樣，我們還是過了愉快的下午，我以後一定還要再去海邊露營！

第九課

記敘文

教室的旅行

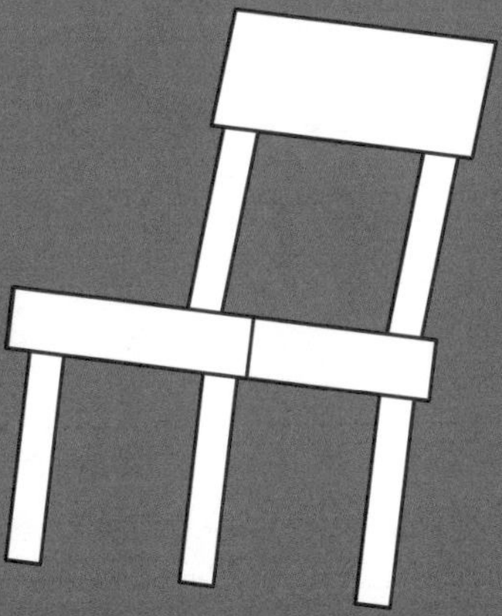

第九課

記敘文 教室的旅行

第二次世界大戰時，英國學校的師生，因躲避戰爭而移到鄉間。當時物資缺乏，教學只好採取就地取材、戶外教學、實地觀察與操作等方式，無意中建立以兒童為主，不限於教科書的、重視情境布置的教學方式，比傳統的教法更適合學生。

我們學習其精神，在教學空間就地取材，善用身邊容易取得的教學材料，在教學上發揮創意，並利用合作的方式，讓學生互相討論，彼此激盪出思考力。

兒童的天性是好動的，如果教師能夠設計動態的活動，讓他們實際體驗，得到見聞，發表感想，就是一篇生動活潑的好文章，而教師負責的是引導及協助，以激發學生

的潛力為目標。

我們可以讓學生講故事、表演、玩遊戲，也可以安排才藝活動。動態的作文教學，是讓兒童運用多種感官，去動、去感、去觸、去聞、去想、去做，然後把所經歷的活動描述出來，讓孩子能夠輕鬆完成一篇有趣或感人的好文章。

今天的作文課，便利用既有的教室空間，就地取材，帶領學生環繞教室一周，讓學生描寫自己上課的教室。教師扮演導遊先生或小姐，學生則是旅行團的旅客。

旅遊景點由教室的前門開始，依次是窗戶、後門、布告欄、書架、講台、黑板等。導遊老師克盡職責，每到一處「景點」，就對學生作詳細地介紹，並與學生問答互動，傾聽學生對各個「景點」的意見。

等到「旅行團」將教室周遊一遍後，學生對教室的布置、擺設與所有細節，都有了觀察和想法，就能完成一篇十分具有空間感的文章。

教學目標

❶能認識記敘文的文體特性。

❷能對環境與空間的描寫具有概念。

❸能增進觀察力，並具備找出問題的能力。

教學準備

教學內容規劃表：

教學主題	記敘文
說明主題的前奏	認識記敘文
教學活動	來一趟教室之旅
配合學習單（一）	人事時地物的組合
配合學習單（二）	人事時地物的寫作
解釋題目	教室的旅行
作文	作文

教學活動

一、前奏

認識記敘文

什麼是「記敘文」？

記敘文就是以記人、事、景、物四類為主要內容，以敘述、描寫為表現手法的一種文體，通過敘述事件的開頭、發展、過程和結果，對事情或人物作全面介紹。

寫人的記敘文如「我的好朋友」、「我的爸爸」，寫物的如「愛心便當」、「一雙舊皮鞋」，寫事的如「最害怕的事」、「遲到的那天」，寫景的如「冬天的早晨」、遊記等。

小朋友寫記敘文時，要先知道什麼是「五要」，就是五個重要的條件：人、事、時、地、物。寫作文弄清楚五要，有助於寫出完整的記敘文。

「人」是文章的主角，如果能把人物的個性、特質突出來寫，就能塑造出生動的人物形象。「事件」是記敘文的主體，寫作文的時候，先選好要敘述的事情，事情發生的時間、季節，時間點是過去、現在還是未來，都要交代清楚。

事件的發生，一定有個特定的地方，也就是「地點」，我們對地點的描述，應包括周遭環境及當時的氣氛。有時，我們可以一件物品作為主角，像寫人一樣地描述物品的特質、物品和人的關係、物品背後發生的故事等。

記敘文的敘述方法，又有哪些呢？記敘文以敘述為主要方法，常用的有順敘、倒敘和插敘。

順敘就是按事情發生的先後次序進行敘述。倒敘是把事件的結局，或事件中最精采的片段，提到文章前面，以引起讀者的注意，再按事件的一般發展順序進行敘述。插敘是我們在記敘某一事件時，由於情節需要，先插入記敘其他相關事件。

倒敘和插敘是長篇文章的寫作手法，小朋友一開始，可以先學習順敘的寫法。

老師今天要帶你們認識的，是寫景記敘文。在寫景記敘文中，寫景不是文章的目的，而是透過寫景來表達自己的思想感情，「人」還是很重要的喔！

描寫時，可以按我們目光、腳步的移動，或按景物的不同類別次序寫，才不會產生雜亂。例如作文題目「校園一角」、「我的房間」，校園、房間都是某一個空間，我們可以寫這空間的景，也可以同時敘述在這個空間發生的事。

二、主曲

來一趟教室之旅

老師：小朋友，請大家到教室門口外面排隊，老師今天要帶大家去旅遊。大家每天來學校上課，可是對我們教室的環境，大門的位置，桌椅、黑板、窗戶、廁所的位置，都不一定很清楚。從現在開始，老師就是「導遊小姐」，你們是四年二班旅行團的旅客，大家跟著導遊小姐的介紹，一起來認識我們的教室吧！

學生跟著老師開始「旅行」。

老師：小朋友，當我們一踏進教室，第一眼看到的會是什麼？

學生：看到桌椅和老師、同學。

學生：看到門口張貼的「教室公約」。

學生：看到同學很早就到教室，正在背課文。

老師：很好，我們第一眼對教室的印象是很重要的，它說明了你對教室最直接的感覺，以及對教室初步的觀察。接著，我們從左邊開始參觀，門的旁邊是一排窗戶，坐在這邊的小朋友時常看到什麼呢？

學生：上課時會看到別班在上體育課，玩得很開心的樣子。

老師：那時你的感覺是什麼？

學生：覺得好羨慕喔！因為他們玩躲避球，我卻在上數學課。

老師：哈哈，數學老師應該也很羨慕體育老師吧！還有呢？

學生：明亮的光線透過窗戶進來，坐在這邊上課感覺很有精神、有朝氣。

學生：坐在這邊可以看到校園的花草樹木，感覺好舒服！

老師：窗戶是由白色的木頭和透明的玻璃做的，顏色上給人清爽的感覺，為教室帶來明亮的光線。我們繼續走，來到教室的後門，小朋友常從這裡跑出去，因為……

學生：因為後門離福利社很近！

老師：沒錯，因為後門的便利性，所以比前門更常有小朋友出入。再走下去我們到了「布告欄」，這裡有教室最重要的布置，也時常參加布告欄比賽得獎，上面有什麼特別的地方呢？

學生：布告欄常貼寫得很好的作文，讓我們可以觀摩學習。

學生：布告欄有一塊地方叫作「詩人有約」，每個禮拜貼一首唐詩，讓我們無形中記得許多詩。

學生：這裡也分出「繪畫展示區」，我們美勞課的佳作都會被貼在這裡。

老師：對，剩下的一塊區域就會張貼同學的「得獎名單」，考試成績優異也會被貼在這裡喔！接著，到了大家最喜歡的「讀書區」。這裡放了兩個書架，每個小朋友每學期都提供一本書，放在這裡，讓全班可以拿去閱讀。

學生：我最喜歡這一區，這裡除了有書，還放了花瓶，老師時常換新的花。

學生：我很喜歡這裡的一本書《人魚公主》，這是繪本，裡面的公主好美麗，封面上還有銀色的月亮。

學生：如果一學期可以讀完書架的書，不知不覺就懂了許多事情耶！

老師：是的，我們放置書架的目的就是這樣，每學期更換小朋友的書，讓大家不用花錢也可以看好書，一起分享，還可以一起討論。我們經過讀書區，又來到一排窗戶，在這裡你們可以看到什麼？

學生：看到學校的後花園和圍牆。

學生：還有一些大樓。

老師：這裡的特色是比較安靜，因為見到的都是靜態的景物，有房子、花草、圍牆等，也很少有小朋友經過。

學生：在這裡上課的心情會比較安靜。

老師：對，所以我們每個禮拜都讓小朋友換位置坐，讓大家感受在不同位置上課的感覺。接著我們來到「塗鴉區」，這裡有什麼呢？

學生：有一塊大白板，是讓我們下課時畫畫用的。

學生：這裡常有很棒的作品耶！

老師：「塗鴉區」是讓大家即興畫畫的地方，下課時，你覺得對上一堂課有什麼感受，可以在這裡把心情畫出來，所以這裡的圖畫時常換來換去的，也比較沒有主題，這是它的特色。

學生：然後就到「本月壽星」的公布欄了！這是我最喜歡的區。

老師：我們在這裡把每月生日的小朋友公布在這裡，定期舉辦小小的生日會，讓大家培養感情。每個月的壽星都有「小天使」守護喔！全班都是他們的小天使。

學生：被貼在上面的感覺很好，因為同學會特別關心本月的壽星。

老師：接著，我們看到黑板和講台，這是老師講課的地方，你們想不想也來這裡對大家講話呢？

學生：想！

老師：老師會讓你們時常有上來講話的機會，讓你們也當個小老師。最後，我們看到「教室公約」，這可是教室最重要的地方喔！請大家唸出來！

學生：上課不傳紙條、不在教室內追逐、不要坐在櫃子上吵鬧、離開坐位要靠椅子、書看完後要歸位。

老師：我們訂教室公約的目的，是為了維護教室的整潔和秩序，讓大家有更好的學習環境，上課更舒服，所以大家要遵守公約喔！

請學生回到座位坐好。

老師：最後有幾個問題請大家想一想，你最喜歡教室的哪個角落?那裡有什麼布置和擺設呢?你喜歡在這個角落做什麼事情?再請你用譬喻法或擬人法來形容你對教室的感覺,例如有的小朋友寫我的教室「像溫暖的窩」,有的人寫「像製造夢想的地方」,這是譬喻法,還有其他的比喻嗎?

學生:教室像美麗的家園。

學生:教室就像天堂一樣。

學生:教室像我的家一樣,或像回到夢裡一樣。

老師:很好,大家還可以繼續想喔!有的小朋友寫教室是「我的好朋友」,因為會陪伴我讀書,這是擬人法,還有別的例子嗎?

學生:教室是我的老師,因為我每天從布告欄貼的文章學到很多東西。

學生:教室是我的媽媽,因為我從教室公約學會好的生活習慣。

老師:真的很棒呢!你們也可以用教過的誇大法,例如教室是「全世界最棒的地方」。

學生:沒有其他教室比得上我的教室了。

老師:沒錯!教室是我們共同生活的地方,我們一起布置、一起幫它打扮,並且在這裡學會很多知識,教室是獨一無二的、最棒的地方!請小朋友看著學習單,來學習寫記敘文,寫出我們的教室吧!

教室平面圖

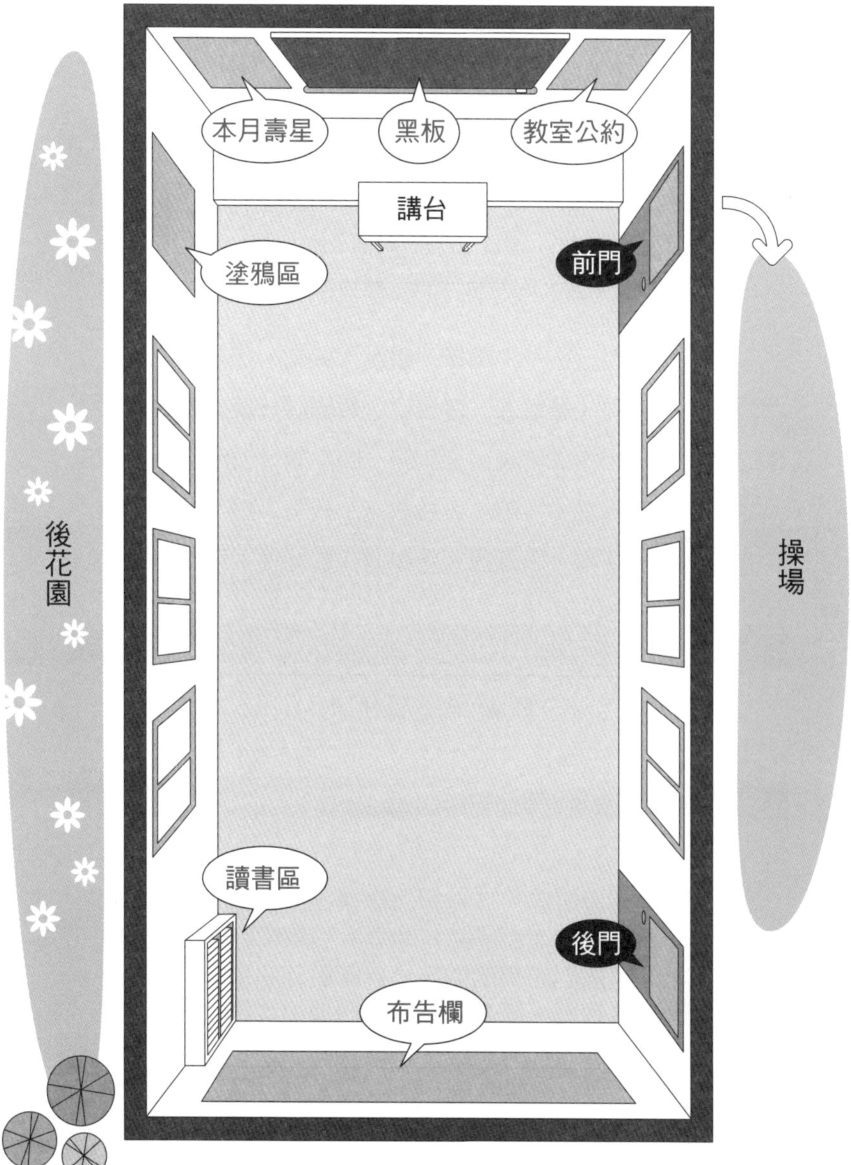

配合學習單(一)範例

人事時地物的組合

小朋友，下面人、事、時、地、物的每一項都列出幾個選擇，請你在每一項用紅筆圈選一樣出來，然後組合成一篇短文，寫在底下的「寫作框」裡。

1.人：我、媽媽、爸爸、哥哥、姐姐、弟弟、妹妹

2.事情：作文課、體育課、音樂課、數學課、美勞課

3.時間：一年級、二年級、三年級、四年級、五年級、六年級

4.地點：音樂教室、操場、美勞教室、教室、籃球場、校園

5.物：考卷、課本、鉛筆盒、作業簿、聯絡簿、作品

作文題目

我就是這樣的人

寫作框

我從小就很活潑好動。二年級上**音樂課**的時候，老師一開口唱歌，我就在台下和同學打打鬧鬧，下課離開**音樂教室**時，總是不把樂器放回原來的地方，老師對我總是十分頭痛。我的好勝心也很強，總是喜歡看看同學的**考卷**，如果成績比別人低，心情就非常不好，一定要超過他才可以，雖然成績進步了，但也因為這樣，有些同學不喜歡我。

配合學習單（二）範例

人事時地物的寫作

小朋友，你每天都在教室上課，可是你真的記得教室的每個角落嗎？每個角落有什麼東西？是什麼特色？你真的能描述出來嗎？現在請你按照下面的指示填寫。

＊今天的作文題目是教室的旅行，請寫出人事時地物：

人	我自己、同學和老師
事	玩遊戲、下棋，或看故事書跟繪本
時	下課的時候
地	教室裡面，最喜歡的讀書區
物	書架、花盆、布告欄、黑板、講台、塗鴉板

三、尾聲

作文

❶公布作文題目：教室的旅行。
❷解釋題目。
❸開始習作，教師巡視指導。

教室的旅行

每天，當我踏進教室時，第一眼看到的就是木製的桌椅，排列得整整齊齊。每天很早就有同學到教室，安靜地坐在座位上背書，老師也很早就在教室，有時和我們聊天，有時幫大家準備等一下的考試。我的教室在校園花圃旁，福利社附近，是一個非常美麗的教室喔！

教室的每個地方我都喜歡，但最喜歡的是讀書區。每到下課，我就去後面的讀書區拿書來看，每一本書都好有趣。每學期大家會捐一本書給班上，整學期讓大家自由取閱，登記歸還，然後下學期再捐一本書，把上學期的書拿回家。大家都因此變得很愛看書了！這裡還擺了漂亮的花瓶，老師時常為讀書區換上新的花，讓我們的心情也跟著換新。

我覺得教室是個溫暖的地方，我非常喜歡來這裡。教室像是我的老師，也像是我的朋友，只要我想要知道的事情，都可以在這裡找到資料，得到答案，所以我最喜歡我的教室了！希望可以永遠坐在教室裡，和大家一起學習。

第十課

抒情文

奇妙的情感世界

第十課

抒情文
奇妙的情感世界

蘇格拉底教學法（Scratic method），就是教師只負責提出問題，然後一邊與學生討論，一邊不斷地修正觀念，所有的答案都必須由學生自己提出來。教師用一連串相關的問題，去激發學生的思考力，使真理越辯越明。

今天的作文課，便是使用問答引導的方式，與學生進行互動。我們透過問答，來引導孩子思考問題，幫助他們運用大腦去分析、歸納、批評、判斷和解決，因而使思緒逐漸擴張，思考更為靈活。

課程以引導、問答、活動，或給予學生情緒感受等方式來進行。問話的題目事先經過設計，教師的提問須挑起孩子的「興奮神經」，可選擇孩子生活中常遇到的狀況來發問，模擬在各種不同狀況下，會產生的不同情緒，再傾聽學生的想法。

「引導」並不是要老師決定學生表達的方向，或限制學生表達的範圍和程度，而是幫助學生更進一步深層地表達，以學生現有的能力、程度為基礎，而不超過其認知的程度。

教師以問答的形式引導，無意間提供許多線索，幫助學生找出答案，學生將由不會，變成對某種概念有深入的了解。

兒童處於懵懂時期，對於情感一知半解，很難掌握抒情文的意義，經過這次引導，將使孩子更了解自己對人、事、物的種種感受，並促進思考力的進步。

教學目標

❶能認識抒情文的文體特性。
❷能對情感的描寫具有概念。
❸能了解自己的情緒，並表現在作文上。

教學準備

教學內容規劃表：

教學主題	抒情文
說明主題的前奏	認識抒情文
教學活動	體會情感世界
配合學習單	藉物抒情的聯想地圖
解釋題目	我最喜歡的人
作文	作文

教學活動

一、前奏

認識抒情文

抒情文是抒發情感的一種文體。人是感情的動物，《三字經》說：「曰喜怒，曰哀懼，愛惡欲，七情俱。」人的情緒多半離不開喜、怒、哀、懼、愛、惡、欲這七種。生活中時常發生大大小小的事情，影響著我們的情緒，這時候我們拿起筆，透過文章來記錄這些情感，就是寫抒情文。

所以，抒情文的內容偏重「情」，不論是懷人、感事、念物或因景生情，都是在表現自己的感情，反映自己的情緒。

有很多作文題目，都是和喜怒哀樂有關，像「喜」，有「我最喜歡的人」；「怒」有「最令我生氣的事」；「哀」有「最難過的事」；「懼」有「最害怕的事」；「惡」有「我最討厭的人」；「愛」有「我最愛的人」。

小朋友拿到這些題目，從喜歡、生氣、難過、害怕、討厭、愛等關鍵字，就知道作文要寫什麼了。

描寫情感的方式有許多種，我們可以用動作、誇大或譬喻等方法來寫，例如「我高興」，你可以寫成「這件事使我高興得跳了起來」，用跳起來的動作，再加上驚歎號。寫「我生氣」還不夠，可以寫成「這件事讓我氣到睡不著，我一輩子都忘不了」，這是利用誇張來寫生氣的感覺。

如果寫「我很難過」，只用「很」是不夠的，寫成「我難過得像快死掉一樣」，就是利用譬喻和誇張，使難過的情感更強烈。

所以，小朋友可以運用學過的修辭法，來寫抒情文喔！

有一種抒情文叫作「藉物抒情」，是藉著物品來帶出自己的情感，所以這件物品，常是情感的象徵。

例如，某天你看到一張相片，上面是你和同學烤肉的合照，就會想到烤肉發生的趣事，和一些懷念的感覺。這種寫法的重點不在描寫物品，物品只負責帶出你的感情，它是配角，事件和回憶才是文章的主角。

今天，我們就來寫一篇藉物抒情的文章吧！

二、主曲

體會情感世界

PART1 測試喜怒哀樂

老師：小朋友，現在我們來作簡單的情緒測試，讓大家了解人的情感世界是怎麼回事。仔細聽老師問的問題，然後說出你們的感覺。第一題：「老師稱讚我」。

學生：我高興得跳起來！

老師：很好，這是用誇張的動作去強調情緒。再來：「被媽媽罵了」。

學生：我傷心地躲到棉被裡哭。

老師：很好，再來：「爸爸買禮物送我」。

學生：我興奮地趕快拆開禮物。

老師：「興奮」這個詞用得很好，還可以用開心、高興、期待等來替換喔。下一題：

「聽到下課的鐘聲響了」。

學生：我只好趕快把考卷交出去，寫不完只好算了。

老師：「只好」，這個情緒叫作「無奈」，你可以記下來喔！再來：「快要月考了」。

學生：我很擔心會考不好。

老師：很好，下一題：「老師要離開學校，不能教我了」。

學生：我心裡好難過喔！

老師：有多難過呢？你可以使用譬喻或擬人來形容一下。再來：「弟弟把我的作業撕破了」。

學生：我氣到很想打他的屁股。

老師：這裡的「想打屁股」只是形容非常生氣，不是真的要打吧？好，如果我們把對象從「我」換成別人，你們的情緒會有什麼不同呢？讓我們試試看！第一題：老師「稱讚坐在我旁邊的同學」。

學生：我的心裡有一點忌妒他耶！

老師：對了，「忌妒」也是一種情感喔！再來：「哥哥被媽媽罵了」。

學生：幸好和我沒有關係。

老師：因為不是你被罵。對不對？再來：「爸爸買禮物送妹妹」。

學生：我好生氣，為什麼爸爸這麼偏心！

老師：爸爸送禮物給妹妹，但不是送妳，每個人都會覺得很不平衡吧？繼續：「聽到跨年的鐘聲響了」。

學生：哇！新的一年開始了！新年快樂！

老師：和聽到考試的鐘聲完全不同，對不對？再來：「姐姐快要月考了」。

學生：我還沒有要考試，真開心！

老師：好像有點幸災樂禍喔！下面：「討厭的老師要離開學校了」。

學生：真高興，以後不會被老師罵了！

老師：「弟弟把哥哥的作業撕破了」。

學生：我要把我的作業藏起來，不然也會被撕破。

老師：有沒有發現，當事情發生在你身上，你的情緒會特別直接、強烈，可是當我們換了對象，事情變成發生在別人身上，你就覺得還好、沒有什麼，如果事情和你有一點關係，你才會有些緊張和防備。我們作喜怒哀樂的測驗，就是讓大家了解自己的情緒，還有人物在事件的角色不同，表現出來的情緒有什麼不同。

PART 2 藉物抒情

今天的作文題目是「我最喜歡的人」，這個題目可用懷人、感事、念物或因景生情任何一種來寫，我們先來練習藉物抒情的寫法吧！

有一篇文章叫〈一對金手鐲〉，是作家琦君寫的。琦君和小時候的好友阿月，分別得到作者的媽媽送的金手鐲，兩只手鐲恰好是一對。過了幾年，兩人疏遠了，不再連絡，每當作者整理抽屜，看到阿月送她的小東西和金手鐲，就想到兩人小時相處的一切，想到兩人的友情，和長大後不同的命運，心裡覺得很懷念，也有些感傷。

這就是一篇「藉物抒情」的文章。

藉物抒情是要求寫作時，以某個「物品」帶出人的感情，也就是回憶和這件物品有關的人物和事情。

舉個例子，平常你們的作文寫得很好，上課很認真、勇於發言，老師都會贈送鉛筆等小禮物，對不對？你們會怎麼處理這些禮物呢？你們可能是放在書桌上，或收在抽屜裡，用不到的時候，甚至會忘記禮物的存在。

我們假設一下，如果你們畢業了，在某天打開抽屜，看到以前老師送你們的鉛筆，你們就會想到：「啊！這支筆是作文老師送給我的耶！」接著，就想到和老師相處的情形。

現在，請你們找一件物品出來，利用下面的學習單，想幾件和物品有關的人和事，最後寫成一篇抒情文。

配合學習單範例

藉物抒情的聯想地圖

小朋友，請你仔細看下面的聯想地圖，並想一想地圖裡面問的幾個問題，然後把答案寫在答案欄裡。加油喔！

(二)是誰送的呢？

(三)為什麼送呢？

(一)是什麼物品呢？

(五)用什麼方式送呢？

(四)在哪裡送的呢？

問題(一)：我收到的東西是一張小卡片。

問題(二)：是我們校長送給我的。

問題(三)：因為我很有禮貌，可以參加「校長的約會」活動。

問題(四)：校長在吃下午茶的時候送卡片給大家。

問題(五)：每個人都站在台上，然後校長送卡片，還和大家拍照紀念。

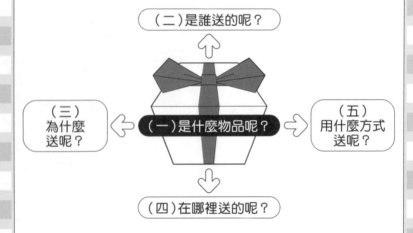

三、尾聲

作文

❶公布作文題目：我最喜歡的人。

❷解釋題目。

❸開始習作，教師巡視指導。

我最喜歡的人

有一天晚上，我在房間整理抽屜，看到一張小卡片，上面寫滿鼓勵的話，那是我最喜歡的校長送的。

我最喜歡的人，是我們的校長，她長得很漂亮，有一頭像夜晚一樣烏黑的長髮，戴著一副無邊眼鏡，很年輕也很有氣質，還有一雙溫柔的眼睛，臉蛋像蘋果般紅潤，個性十分親切友善。

校長時常舉辦讓小朋友和老師們在一起的活動，叫作「校長的約會」。校長會選最有禮貌的小朋友來參加，和她一起喝下午茶、吃美味的蛋糕，我也曾經參加過，還收到校長親筆寫的卡片喔！那天每個獲選的小朋友都站在台上，校長一一地頒發獎狀和卡片給我們，還和我們拍照紀念，真的很難忘！

我想要對校長說：我最喜歡您了！祝福您永遠青春美麗，也感謝您辛苦地照顧我們，更希望您永遠平安、快樂！

第十一課

疊字修辭

疊疊不休的中文字

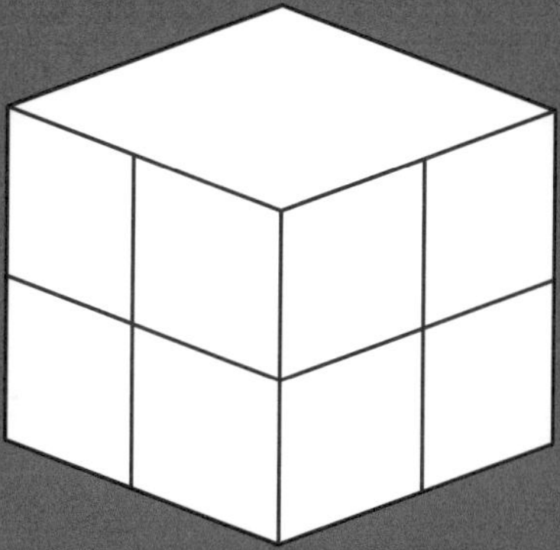

第十一課

疊字修辭

疊疊不休的中文字

「疊字」是利用聲音的同一性，來增加語調的和諧感，或藉著聲音的重複，以強調語氣，在作文中，我們時常使用疊字來描寫事物。

人類在幼兒時期就常用到疊字，通常幼兒在聽覺能力未完全成熟以前，無法將太長的句子聽進去，所以當大人說了完整的句子，幼兒卻只聽到最後的一個字或名詞，例如：我要喝「茶茶」、我要玩「球球」、吃「飯飯」等。

疊字是語言發展中，必然會出現的情形，等到孩子因外在環境的影響，學到更多的語言表達方式和語彙，疊字就會慢慢轉換成複雜而有條理的語言。

古人作詩常用疊字法，顧炎武《日知錄》云：「詩用疊字最難，『河水洋洋，北流活活，施罛濊濊，鱣鮪發發，葭菼揭揭，庶姜孽孽』。連用六疊字，可謂複而不厭，賾而不亂矣！」又舉〈古詩十九首〉為例：「青青河畔草，鬱鬱園中柳。盈盈樓上女，皎皎當窗牖。娥娥紅粉妝，纖纖出素手。」就連用六組疊字。

歐陽修的〈蝶戀花〉：「庭院深深深幾許？楊柳堆煙，帘幕無重數。」以至李清照的〈聲聲慢〉：「尋尋覓覓，冷冷清清，悽悽慘慘戚戚。」均運用疊字，使詩歌充滿音韻美，《詩經》裡面更是充滿了美妙的疊字。

將疊字當作形容詞使用在作文裡，可使文字變得「有聲有色」，顯得生動活潑許多。本課要教孩子認識疊字，了解中文字奇妙的「疊」特性，並藉由疊字的組合遊戲，帶領孩子學會疊字的各種組合方法，並造出適當的句子。

當孩子學會使用疊字修辭，就可以在作文中加以運用，給人美的感覺及深刻的印象。

教學目標

1. 能認識中文字「疊」的特色。
2. 能分辨疊字在不同感官摹寫的使用。
3. 能利用疊字描述事物的特徵。
4. 能將疊字修辭靈活的應用在寫作上。

教學準備

教學內容規劃表：

教學主題	疊字修辭
說明主題的前奏	認識疊字
配合學習單(一)	疊字與感官
教學活動	疊疊不休的中文字
配合學習單(二)	用疊字來造句！
解釋題目	夏天來了
作文	作文

教學活動

一、前奏

認識疊字

小朋友在寫作文或說話時，常會用到一些疊字，以加強文句的生動和語氣的活潑，使說話或作文的內容更加精采。

在中文裡，「疊」是「重複」的意思，用法是把兩個一樣的字當作一個「詞」，如「美美」、「白白」等。文章使用疊字，有「加強語氣」的效果，像「靜悄悄」是形容安靜的樣子，「潺潺」是形容流水的聲音，「白嫩嫩」形容皮膚很白，膚質很細，「懶洋洋」形容懶惰的樣子。

除了重複的涵義，「疊」還有「多」的意思喔！很多中文字有「疊」的現象，通常是由三個同樣的字，組成一個字，而且有多或大的意思，例如：樹木多叫作「森」，石頭多叫作「磊」，車輪聲響大叫作「轟」，大水瀰漫叫作「淼」，而「掱」這個字常和「扒」連用，「三隻手」也是扒手的意思，很有趣吧！另外還有品、晶、毳、焱、鑫、麤、犇、驫、畾、猋等等。

疊字能使你的描寫變美喔！我們形容一個女生「眼睛很大、很圓」，感覺很單調，如果幫它加上疊字：「她的眼睛水汪汪的，像是會說話。」就能把眼睛溼潤的感覺，描寫得十分傳神。當我們聞到甜的氣味，如果寫成「甜絲絲」，就能將氣味似有若無的感覺抓出來。

疊字還可使用在我們對感官的描寫，例如：描寫聽覺可用「潺潺」的水流聲，或蟲聲「唧唧」，這時疊字是作為狀聲詞；描寫視覺可用「黃澄澄」的稻田，或「黑黝黝」的皮膚，這時疊字是作為色彩形容詞；描寫觸覺我們可用「軟軟的」麻糬，或「硬梆梆」的木板；描寫嗅覺時可用「香噴噴」，或「臭烘烘」；描寫味覺可用「酸酸甜甜」，或「苦苦的」。

疊字可以當作動詞，如跑跑、跳跳、吵吵、笑笑；可以當作副詞，如重重、漫漫；也可以當作形容詞，如紅紅的、高高低低、淡淡的；還可以當作數量詞，如條條、棵棵、串串等。

只要我們能記得許多疊字，並學會利用這些疊字來造句，那麼，我們的作文功力，就會增強好幾倍哦！

小朋友，你認識多少個疊字呢？你知不知道哪種感官描寫，要用哪種疊字？現在，讓我們利用下面的學習單，按照視覺、聽覺、觸覺、嗅覺、味覺，寫出你記得的疊字吧！

配合學習單(一)範例

疊字與感官

小朋友，當我們描寫感官的時候，如果能用一些疊字，就會讓描寫更加生動喔！你記得多少個疊字呢？請你按照視覺、聽覺、觸覺、嗅覺、味覺，寫出你記得的疊字吧！

感官	疊字
視覺 	紅紅的、長長短短、黑漆漆、亮晶晶、黃澄澄
聽覺 	潺潺、汪汪、靜悄悄、嗡嗡、嘩嘩、叩叩、轟隆隆
觸覺 	癢癢的、滑滑的、黏答答、暖暖的、滑溜溜、毛茸茸
嗅覺 	香噴噴、臭臭的、香香濃濃、淡淡的
味覺 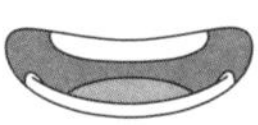	苦苦的、酸酸甜甜、辣辣的、鹹鹹的、香香脆脆

二、主曲

疊疊不休的中文字

PART1疊字的組成

小朋友，如果我們能善用疊字，就能使原本看起來平凡、普通的字眼，增加生動活潑的氣息，使你的描寫更生動喔！

但是，大家可能不知道，我們中文的疊字，就像積木等等的組合玩具，有很多不同的排列組合喔！老師現在就來介紹幾種最簡單的組成方式。

首先舉一個例子，「紅的」是大家常用的形容詞，例如「紅太陽」、「蘋果紅得好美麗」等等，如果我們再幫它加上一個「紅」，就變成「紅紅的太陽」、「蘋果紅紅的好美麗」。大家大聲地讀出來，比較看看，你們覺得兩個「紅」是不是比一個還要好聽呢？

請大家看老師抄在黑板上的公式：

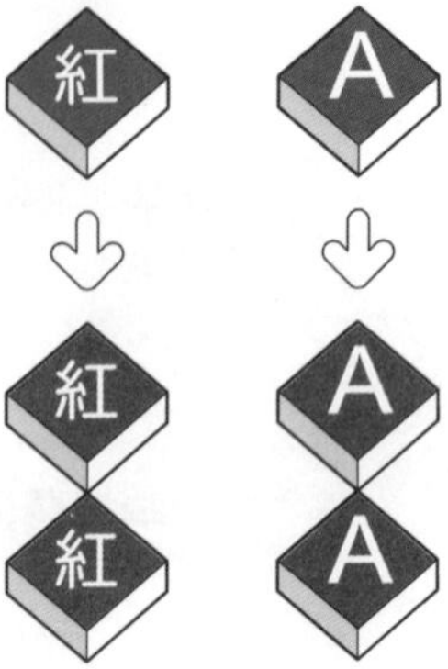

以上是兩個字的疊字，再來我們看三個字的。

有一種疊字長得頭兒小，身體長，它的排列是「ABB」，例如「一朵朵」、「一串串」等，第一個字不一樣，後面兩個字一樣；還有一種和它相反，長得頭兒大，身體短，它的排列是「ＡＡＢ」，例如「汪汪叫」、「散散心」等，前面兩個字一樣，第三個字就不一樣了。

請大家看黑板上的公式：

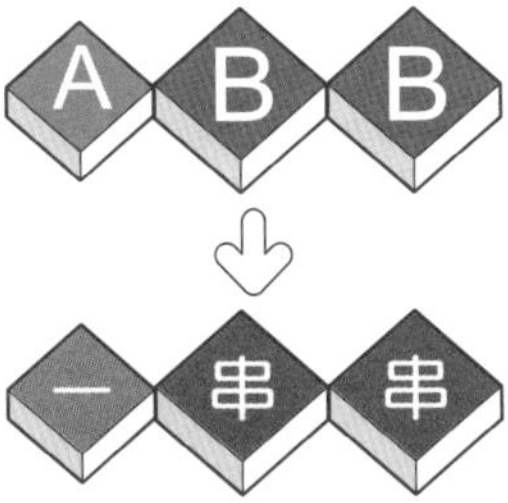

很有趣吧！還有一種疊字是由四個字組成的喔！它的頭兒和身體是一樣長的，排列方式是「ＡＡＢＢ」，例如「匆匆忙忙」、「高高興興」等，前面兩個字是一組，後面兩個字也是一組，將四個字組合起來而成，這種疊字非常多，大家說話時也會常用到。

請大家看老師的公式：

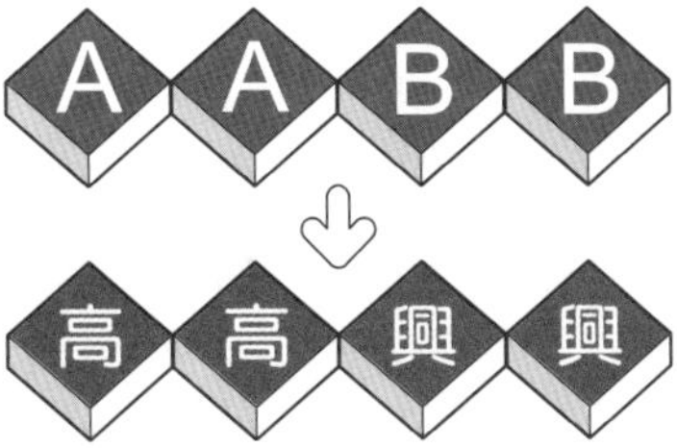

除了這些以外，還有許多成語或詞語也出現疊字喔！通常它的長相是「ＡＡ○Ｘ」，例如「栩栩如生」、「欣欣向榮」等，只有前面兩個字一樣，第三、第四個字都不一樣；另一種排列正好和它相反，是「○ＸＡＡ」，例如「文質彬彬」、「小時了了」等。

請大家看看公式：

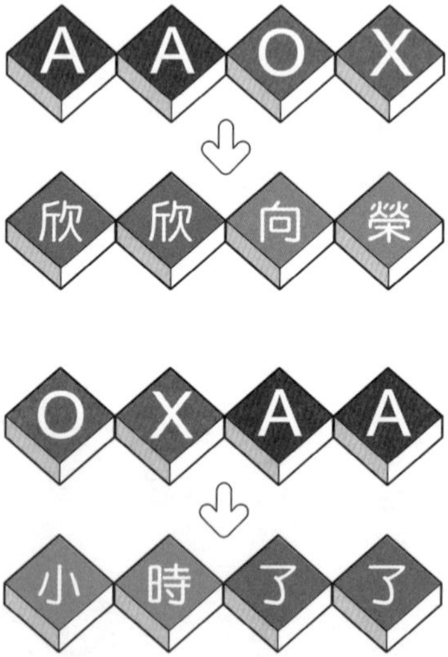

很簡單吧！相信大家經過這樣的比較，對疊字的排列組合了解得更清楚了。現在，我們就來玩疊字的組合遊戲吧！

PART 2 疊字組合遊戲

教師在課前先挑選適當、符合學生程度的疊字，製作成「單字條」，例如「癢癢」，就將一個「癢」字作成一張字條，總共是兩張，若是三個字的「胖嘟嘟」就作成「胖」和「嘟嘟」兩張，四個字的「匆匆忙忙」就作成「匆匆」和「忙忙」兩張。其中一張由教師貼在黑板上，另一張發給學生，每人手上拿的都是不一樣的字條。

活動步驟類似玩賓果，由教師喊出黑板上的一個單字，拿著相應單字的學生，就要站起來，和黑板上的字配對，然後讓學生說出此疊字，屬於哪種感官描寫？屬於動詞還是形容詞？並造出詞語或造句。

教師可以發放糖果等方式來獎勵學生，激勵學生的參與。以下為本課實作時挑選出的疊字，學生為三十人：

癢癢	綿綿	咩咩	嗡嗡	吹吹
冷冷	汪汪	緊緊	轟隆隆	一棵棵
一朵朵	一串串	毛茸茸	胖嘟嘟	髒兮兮
綠油油	氣呼呼	黑漆漆	滑溜溜	香噴噴
匆匆忙忙	健健康康	彎彎曲曲	蹦蹦跳跳	閃閃發亮
吱吱喳喳	香香濃濃	高高興興	漂漂亮亮	紅通通

老師：遊戲開始！第一個字是「癢」！

學生：（拿「癢」字站起來）我穿了媽媽買的毛衣，覺得身體癢癢的很不舒服。

老師：這是屬於什麼感官呢？

學生：是觸覺。

老師：很好喔！再來，「綿」！

學生：（拿「綿」字站起來）軟綿綿的棉花糖，是我最喜歡吃的零食。這是觸覺！

老師：用得很正確，下一個，「咩」！

學生：小羊「咩咩」地叫，應該是肚子餓了。

老師：「咩咩」用來模仿羊的叫聲，叫作什麼詞呢！

學生：是「狀聲詞」！

老師：很好，下一個，「嗡」！

學生：蜜蜂「嗡嗡」地飛來飛去，辛勞地採著花蜜。

老師：很好，下一個，「吹」！

學生：夏天的時候，我喜歡躲在房間吹吹冷氣。

老師：吹冷氣和吹吹冷氣，聽起來後者比較有悠閒的感覺吧？下一個，「冷」！

學生：冷冷的月光灑在地上，讓人感到寒意。這是觸覺。

老師：小朋友造出好棒的句子，月光為什麼讓你感覺冷呢！

學生：可能是晚上冷，所以讓人覺得月光是冷的。

老師：很棒喔！這是很好的聯想。下一個，「汪」！

學生：小狗汪汪叫就代表有陌生人來了。這是聽覺。

老師：很好，下一個，「緊」！

學生：一陣狂風吹過，我緊緊地抓住帽子，免得被吹跑了。這是動作描寫。

老師：你還記得以前教過的動作描寫，值得嘉獎喔！下一個，「轟」！

學生：天空轟隆隆地響，應該是快要打雷下雨了。這是聽覺。

老師：「轟隆隆」也可以是車輪的聲音，或是任何撞擊聲。下一個，「一棵」！

學生：校園裡，一棵棵高齡的老松樹陪伴著我們成長。

老師：造得很好，下一個，「一朵」！

學生：蝴蝶像一朵朵會飛的花。是譬喻法。

老師：真棒的比喻。下一個，「一串」！

學生：一串串紫紅色的葡萄，讓人看了口水直流。是視覺描寫。

老師：很好！下一個，「毛茸」！

學生：奇異果有毛茸茸的外皮和綠色的果肉。

老師：觀察得很仔細。下一個，「胖」！

學生：我的弟弟長得圓滾滾、胖嘟嘟的，十分可愛，

老師：你還多用「圓滾滾」的疊字，很好。下一個，「髒」！

學生：每次上完體育課，全身總是被弄得髒兮兮的。

老師：很好！下一個，「綠」！

學生：綠油油的大地穿上亮麗的花衣裳，是春天來了！這是擬人法。

老師：很好！下一個，「氣」！

學生：氣呼呼的雨婆婆走了，彩虹妹妹才敢露出臉來。

老師：很好！下一個，「黑」！

學生：停電了，房間黑漆漆的，伸手不見五指。這是視覺。

老師：很好！下一個，「滑」！

學生：魚兒滑溜溜的，很難用手抓住。這是觸覺。

老師：很好，還有青苔也是滑溜溜的喔！下一個，「香」！

學生：我最愛吃媽媽煮的香噴噴的牛肉麵。這是嗅覺。

老師：很好！下一個，「匆」！

學生：我每天都匆匆忙忙地上學。

老師：那是因為快遲到嗎？哈哈，下一個，「康康」！

學生：媽媽把我們全家都照顧得健健康康。

老師：很好！下一個，「彎彎」！

學生：我們走過彎彎曲曲的山路，才到達山頂。

老師：很好！下一個，「跳跳」！

學生：弟弟的個性很活潑，總是蹦蹦跳跳的靜不下來。

老師：也可以用來形容小猴子。下一個，

「閃閃」！

學生：溪水在陽光底下閃閃發亮。

老師：很好！下一個，「吱吱」！

學生：每天早上，麻雀都在窗外吱吱喳喳地叫著。這是聽覺。

老師：很好！下一個，「香香」！

學生：我最愛喝香香濃濃的玉米濃湯。這是嗅覺。

老師：很好！下一個，「平平」！

學生：旅行時要高高興興地出門，平平安安地回家。

老師：很好！下一個，「漂漂」！

學生：我喜歡每天把自己打扮得漂漂亮亮，心情也會很好。

老師：很好！下一個，「紅通」！

學生：她的臉頰紅通通的，整個人像是一顆會走路的蘋果。

老師：這個比喻非常好，形容人紅著臉像是走路的蘋果，真有想像力！現在大家都熟悉常用的幾個疊字了，我們就來作下面的學習單，複習一下剛剛所學的吧！

配合學習單(二)範例

用疊字來造句！

小朋友，現在老師寫一個字在黑板上，請你造出它的疊字，並用這個疊字造出完整的句子來！

字	疊字	人或動物＋疊字
咩	咩咩	小綿羊「咩咩」地叫，好可愛喔！
笑	笑呵呵	阿公笑呵呵地對我說：「要乖喔！」
氣	氣呼呼	爸爸氣呼呼地坐在沙發上。
一	一朵朵	花園裡，一朵朵的玫瑰盛開。
圓	圓圓的	妹妹有一張圓圓的小臉。
香	香香濃濃	早上我喝了一杯香香濃濃的牛奶。
汪	汪汪叫	鄰居養了一隻愛汪汪叫的狗。
冷	冷冰冰	夏天泡在冷冰冰的水裡，非常舒服。

三、尾聲

作文

❶公布作文題目：夏天來了。

❷解釋題目。

❸開始習作，教師巡視指導。

夏天來了

夏天來了！夏天是我最喜歡的季節。

你們一定很奇怪，為什麼我會喜歡夏天呢？火辣辣的太陽曬得人很不舒服，可是我卻喜歡夏天。因為夏天可以放長長的暑假，有兩個月的時間，我不必到學校上課，可以到游泳池，泡著冷冰冰的水，或是在家裡吹吹冷氣，最重要的是，可以不用擔心隔天要上學。

夏天，藍湛湛的天空充滿了朝氣，是全家出遊的好季節。我們在白天可以看到大自然的好風光，躺在綠油油的草地上，享受暖風吹拂，聽聽鳥兒啼叫，看著魚兒優游在清澈的水裡，享受大自然的美好。

夏天來了，我可以吃到香甜甜的西瓜。我最喜歡吃紅色的西瓜，只要我看見好吃的西瓜，就會口水直流。我也喜歡吃冰淇淋，冰在嘴裡融化的感覺，真的太棒了！

我愛夏天，夏天是我最愛的季節。

中文的「疊」體字

字形	字音	字義	《說文解字》
品	ㄆㄧㄣˇ	性質、人品	眾庶也，从三口。(段注：三人為眾，故从三口。)
聶	ㄋㄧㄝˋ	附耳低聲細語	駙耳私小語也。
孨	ㄕㄡˇ	和扒並用，扒孨	
猋	ㄅㄧㄠ	犬奔跑貌	犬走貌。
驫	ㄅㄧㄠ	馬奔馳貌	眾馬也。
麤	ㄘㄨ	粗糙、欠精細	行超遠也。(段注：鹿善驚躍，故从三鹿。)
蟲	ㄔㄨㄥˊ	昆蟲之總稱	有足謂之蟲。(段注：人三為眾，虫三為蟲，蟲猶眾也。)
鱻	ㄒㄧㄢ	新鮮貌；鮮之古字	新魚精也。(段注：自漢人始以鮮代鱻。)
犇	ㄅㄣ	奔馳貌；奔之古字	
羴	ㄕㄢ	羶的本字	
森	ㄙㄣ	林木茂密	木多貌。
鑫	ㄒㄧㄣ	興盛貌	
淼	ㄇㄧㄠˇ	大水瀰漫	
焱	ㄧㄢˋ	燄火、煙花	
垚	ㄧㄠˊ	土高凸貌；堯之古字	土高貌。
卉	ㄏㄨㄟˋ	花草之總稱	草之總名也。
磊	ㄌㄟˇ	多石貌；引申光明、坦誠	眾石貌。
晶	ㄐㄧㄥ	明亮貌	精光也。(段注：凡言物之盛，皆三其文。)
畾	ㄌㄟˊ	田間地	

劦	ㄒㄧㄝˊ	同心協力；協之古字	同力也。
毳	ㄘㄨㄟˋ	鳥獸細毛狀	獸細毛也。（段注：毛細則叢密，故从三毛，眾意也。）
轟	ㄏㄨㄥ	炮火破壞；驅逐	車聲也。（段注：倉頡篇：「眾車聲也。」）
矗	ㄔㄨˋ	高聳直立貌	
雥	ㄗㄚˊ	鳥群	
灥	ㄑㄩㄢˊ		

＊段注為段玉裁注。

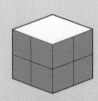

疊字倉庫

AA				
潺潺	淺淺	深深	絲絲	漫漫
念念	綿綿	層層	緊緊	濃濃
癢癢	咩咩	喃喃	冷冷	裊裊
柔柔	嗡嗡	痴痴	嘓嘓	悠悠
玩玩	吹吹	伸伸	涓涓	漸漸
ABB				
一棵棵	一朵朵	一波波	一隻隻	一座座
一滴滴	一群群	一疊疊	一串串	毛茸茸
呼嚕嚕	胖嘟嘟	髒兮兮	靜悄悄	綠油油
白茫茫	黃澄澄	烏溜溜	亮晶晶	陰沈沈
氣呼呼	笑嘻嘻	懶洋洋	醉醺醺	圓滾滾
藍湛湛	冷冰冰	光禿禿	凶巴巴	瘦巴巴
白嫩嫩	黑漆漆	水汪汪	紅腫腫	火辣辣
溼漉漉	紅通通	熱騰騰	色瞇瞇	甜蜜蜜

油膩膩	喜孜孜	滑溜溜	熱呼呼	白胖胖
興沖沖	笑咪咪	黑鴉鴉	涼颼颼	硬梆梆
香噴噴	白花花	冷颼颼	鬧哄哄	陰森森
雄糾糾	氣昂昂	血淋淋	喜洋洋	牙癢癢
圓鼓鼓	眼巴巴	樂陶陶	鬆垮垮	空盪盪
黑黝黝	假惺惺	活生生	笑吟吟	光溜溜
孤零零	惡狠狠	羞答答	眼睜睜	輕飄飄
響噹噹	嘩啦啦	慢吞吞	苦哈哈	赤裸裸
坦蕩蕩	嬌滴滴	淚汪汪	軟綿綿	頂呱呱
白晃晃	灰撲撲	死翹翹	大喇喇	沈甸甸
AAB				
飄飄然	紅紅的	圓圓的	大大的	硬硬的
軟軟的	呱呱叫	柔柔的	汪汪叫	咕咕叫
輕輕的	散散心	透透氣	悄悄的	苦苦的
洗洗澡	喝喝茶	吵吵架	抓抓癢	按按摩
欣欣然	偷偷地	傻傻的	默默的	痴痴的
跑跑步	散散步	眨眨眼	團團轉	哈哈笑
走走路	看看書	下下棋	跺跺腳	逛逛街
AABB				
香香脆脆	彎彎曲曲	蹦蹦跳跳	迷迷濛濛	大大小小
老老少少	乾乾淨淨	整整齊齊	粉粉嫩嫩	香香濃濃
哭哭啼啼	酸酸甜甜	戰戰兢兢	吱吱喳喳	瘋瘋癲癲
吞吞吐吐	吵吵鬧鬧	雙雙對對	婆婆媽媽	高高興興
匆匆忙忙	轟轟烈烈	懶懶散散	安安穩穩	漂漂亮亮
扭扭捏捏	風風雨雨	洋洋灑灑	矮矮胖胖	高高低低
健健康康	細細長長	隱隱約約	滴滴答答	急急忙忙
點點滴滴	白白淨淨	平平安安	來來往往	歡歡喜喜
大大方方	反反覆覆	仔仔細細	出出入入	紮紮實實
嘻嘻哈哈	規規矩矩	三三兩兩	時時刻刻	熙熙攘攘
沸沸揚揚	朝朝暮暮	形形色色	浩浩蕩蕩	渾渾噩噩
花花綠綠	簡簡單單	安安靜靜	恭恭敬敬	鬼鬼祟祟

打打殺殺	千千萬萬	吃吃喝喝	悽悽慘慘	清清楚楚
斯斯文文	拉拉扯扯	風風光光	白白胖胖	冷冷清清
唯唯諾諾	結結巴巴	搖搖晃晃	明明白白	和和氣氣
老老實實	躲躲藏藏	汲汲營營	分分秒秒	長長久久
其他				
文質彬彬	氣喘吁吁	絲絲入扣	議論紛紛	喃喃自語
悶悶不樂	昏昏欲睡	栩栩如生	姍姍來遲	虎視眈眈
蟲聲唧唧	沾沾自喜	奄奄一息	欣欣向榮	斤斤計較
嘖嘖稱奇	喋喋不休	頭頭是道	竊竊私語	朗朗上口
彬彬有禮	滔滔不絕	井井有條	津津有味	依依不捨
呱呱墜地	興致勃勃	小心翼翼	死氣沈沈	飄飄欲仙
亭亭玉立	來勢洶洶	嗷嗷待哺	小時了了	心心相印
津津樂道	蠢蠢欲動	行色匆匆	楚楚動人	依依不捨
瓜瓞綿綿	格格不入	飢腸轆轆	刺刺不休	風度翩翩
泛泛之交	洋洋得意	花花世界	逃之夭夭	蒸蒸日上
牙牙學語	搖搖欲墜	草草了事	鼎鼎大名	多多益善
遙遙無期	虎虎生風	岌岌可危	侃侃而談	寥寥可數
落落大方	沒沒無聞	息息相關	憂心忡忡	源源不絕
躍躍欲試	孜孜不倦	諄諄告誡	衣冠楚楚	循循善誘

第十二課

戲劇編寫

遇到壞人的時候

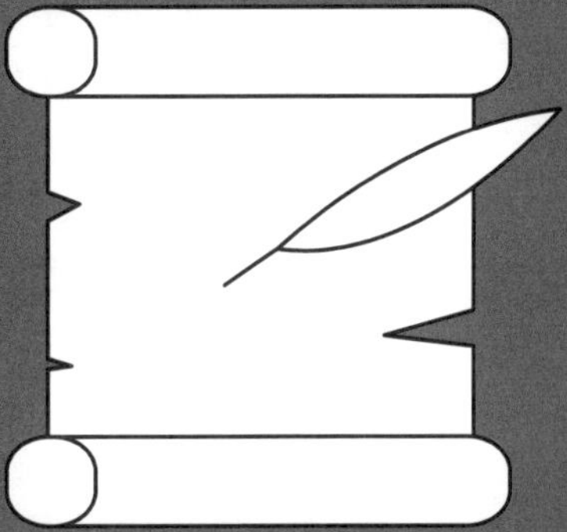

第十二課

戲劇編寫遇到壞人的時候

一九三〇年，美國戲劇教育家Winifred Ward提出「創作性戲劇」（creative dramatics）教學，將戲劇應用在校園及教室中，是以戲劇形式來實施教學的一種方法。

「創作性戲劇」是一種即興的教學形式。在教師的引導下，學生可以參與決定角色、動作、對話及情節等過程，提供自由空間，發揮創作力，使學生在肢體、心理、情緒與語言上，均有表達的機會，並能自發性地學習。

在過程中，學生有機會扮演各種人物，學習面對人生的許多情況，教師可引導孩子作出正確的反應，並設想他們在真實人生中，可能遭遇的各種情況，讓他們以正確的態度去面對各種事物，作出決定並學會處理。

演戲在作文教學中經常被使用，透過演戲的方式，除了可以讓學生學習課程內容外，也可以激發學生的潛能，並促進團結合作的精神。

今天的作文課，我們採取創作性戲劇教學的概念，以隨編隨演的即興方式，將熟悉的「小紅帽」故事改編成劇本。選擇「小紅帽」進行改編，是因為孩子對「小紅帽」耳熟能詳，故事內容亦具有生活教育的意義，教師不必花很多時間，就能使學生熟悉編寫要點。

劇本的背景可以是現代社會，主角也可以是小學生，情節則由全體學生與老師一起思考，內容貼近孩子們的生活，因此別具意義。

孩子可藉由編劇，對「小紅帽」故事想傳達的意義，有更深刻的體會，在潛移默化中，將故事所傳達善意的一面，落實到生活，成為生活的一部分。

師生共同創作，可以有效提高學生的學習意願，拉近彼此距離。大家從一起表決人物的名字，輪流想出人物對話，到彼此的討論、互相辯論自己的想法比較好，想辦法說服其他同學，整個活動猶如開了一場熱鬧的「腦力激盪會議」，孩子們的表現實在不遜於廣告公司的創意人呢！

教學目標

❶能學習團體合作的精神，增進師生關係。

❷能主動發表對情節的看法與創意。

❸能在編劇中培養對戲劇的敏感度。

❹能將戲劇情節與生活常識聯繫在一起。

教學準備

教學內容規劃表：

教學主題	戲劇編寫
說明主題的前奏	認識劇本
教學活動	師生共同編劇
解釋題目	遇到壞人的時候
生活指導	生活指導

教學活動

一、前奏

認識劇本

什麼是劇本？

小朋友時常看童話故事，但對劇本很陌生。首先，老師要告訴你們，劇本和童話是不同的，劇本由許多對話構成，不需要對景色作描寫，因為觀眾可以從舞台上的背景看到景色，從演員的動作去觀賞表演，但是童話或其他的故事，就有大量的描寫喔！這是最大的不同。

什麼是對話呢？

對話可以推展情節、表達人物的思想感情、表現人物形象。有一位作家名叫林良，寫了關於兩條金魚的故事。內容說，某天晚上，黑色的金魚練習過跳高以後，就說：「主人睡了，主人的小孩子也睡了，沒有人來看我們了。真沒意思！」但是，另一條紅色金魚聽了卻回答：「沒有人來看我們，才有意思呢！我不喜歡有人瞪著我看。」大家從這裡就很明顯地知道，黑色金魚的個性很外向、愛現，很喜歡被人觀賞，但紅色金魚則是內向、害羞、喜歡獨處，短短的對話，就將牠們的個性表現得很清楚了，所以，大家也要好好想一些精采的對話喔！

在我們開始編劇之前，老師先簡單說明劇本的格式，和編劇要做的工作。

我們要編劇，一定要先知道劇本的「主題」是什麼，今天編劇的主題就是「遇到壞人的時候」，內容要具備時間、地點和角色，也就是故事的人物。

這齣戲的時間就定在「放學後」，地點是在馬路旁邊，我們可以想一下，在馬路邊會發生什麼事情。角色設定為四個，分別是一男一女的兩個小學生，壞人叔叔和警察。

讓我們先回顧一下「小紅帽」的故事：

從前有個綽號叫「小紅帽」的女孩，有一天，送一籃食物去給外婆，但是她沒有聽媽媽的話，直接趕到外婆家，而是在路上接受大野狼的搭訕。野狼從小紅帽口中探聽外婆的地址，牠為了吃掉外婆和小紅帽，就引誘小紅帽摘採野花，自己卻偷偷先趕到外婆家吃掉外婆，最後也吃掉遲到的小紅帽。故事最後，小紅帽和外婆被一位好心的獵人從狼肚子裡救出來了。

這個故事告訴我們，當我們一個人單獨走在路上時，不要隨便接受陌生人的搭訕喔！那很可能會帶來危險。

小朋友雖然體型較小，還沒有抵抗壞人的能力，但是你們已經很聰明，能夠預防危險了，如果遇到像大野狼一樣的壞人，你們會怎麼處理呢？今天，就讓我們一起編劇，一起來討論這個問題吧！

二、主曲　師生共同編劇

PART 1 設計問題

在教學活動中，教師的角色是在學生的討論偏離主題時，引導話題與劇情走向，避免因參與人數過多，造成創意的漫無邊際。

教師可在學生提出不合理情節時，提出問題或給予意見，以幫助學生修正不適合的構想，並引導劇本的主題、協助選出故事的人物等。

教師可扮演壞人的角色，提出一些問題問學生，設定的問題如下：

❶問路：小朋友，請問一下雙溪公園要怎麼走？叔叔不知道路耶！
❷要求幫忙：我的小孩和同學出去玩了，不知道是不是去雙溪公園……你們可以帶叔叔去嗎？
❸給玩具：這是叔叔剛剛在7-11換到的胸章，給你們一人一個好嗎？
❹給麵包和飲料：小朋友，今天天氣好熱喔，為了感謝你們帶路，這兩瓶飲料就送給你們喝！
❺探聽家庭背景：小朋友，你們叫什麼名字啊？家裡有幾個人？爸爸媽媽在不在家呢？他們的工作是什麼？

PART 2 共同編劇

接著，由師生合作編劇，讓學生一人想一次人物的對白，或以分組方式，一組想一次台詞，教師可將確定好的對白抄寫在黑板，並讓學生抄在稿紙上。

劇本完成後，教師再彙整一份印給學生，於其他時間指導排練，並安排學生進行話劇表演，讓學生有機會演出，來測試共同完成的劇本，並找出需要改進的地方。

老師：今天我們編的劇本叫作「遇到壞人的時候」。這個故事就像「小紅帽」一樣，是講小朋友遇到壞人，但是沒有上當，最後警察救了他們。從現在開始，老師就當那個壞人叔叔，你們就幫小明和阿美想對話吧！好，開始！

劇名：遇到壞人的時候
時間：傍晚放學後
地點：回家的路上，馬路邊
人物：小明（簡稱明）、阿美（簡稱美）、陌生的叔叔（簡稱叔）、警察
道具：麵包、可樂、玩具

第一幕

旁白：小明、阿美是國小四年級的學生，有一天放學回家的時候，在路上遇到陌生的叔叔。

叔：（不懷好意地笑）請問小朋友，雙溪公園怎麼走？

明：（轉頭小聲問美）這個叔叔好像有點怪怪的？

美：（點頭）好像有一點！

叔：（不懷好意地笑）你們可以帶我去雙溪公園嗎？

明：（伸手）嗯……可以是可以啦！但是你有沒有吃的東西先給我們呢？

美：（打明一下）喂！老師說不可以隨便吃陌生人的東西！

明：（回頭對叔說）那不好意思……不用了！謝謝！

叔：（打一下拳頭，獨白）可惡！這兩個小孩都不上當！

叔：（拿出Kitty胸章）叔叔這裡有Kitty胸章喔！你們帶我去公園，這個就送給你們

好嗎？

美：這種胸章我們有了啦！（伸手出去）限量版的我才要！

叔：（不知道怎麼辦）這個……這個……。

明：（快要哭）可是……我沒有Kitty胸章耶！

美：（踩明的腳）我家裡有啦！回去再拿給你！

明：（痛苦）好痛啊！

（明、美繼續走，叔跟上）

第二幕

叔：小朋友，你們叫什麼名字？

明：（大聲地說）我叫朱小明！

（美在旁邊拉明的袖子，瞪明一眼）

叔：（問明）朱小明小朋友，你家裡有幾個人呢？

（明張嘴要回答，美用手摀明的嘴巴）

明：（說不出話，掙扎）嗚……嗚……。

叔：（生氣，獨白）現在的小孩子太聰明了，可惡！（又問）你們的爸媽在家嗎？

明：不在……（美踩明的腳，明改口）在家！在家！

叔：那你們爸媽的工作是什麼？

美：（搶先答）我爸媽都是當警察的喔！

明：才不是……（美踩明的腳）

第三幕

旁白：就在這個時候，路邊的警察走過來了。

警：（問叔）這位先生有什麼事嗎？

叔：（害怕）啊！沒事沒事！我只是問路而已……我突然有事要先走，拜拜！（快步跑

走）

警：（問明、美）小朋友，你們是不是遇到壞人了？

美：是啊！剛剛那個叔叔怪怪的，一直問東問西，還問我們的名字、爸媽做什麼工作，可是我們都不告訴他。

警：（摸明、美的頭）小朋友，你們很聰明，以後記得不要和陌生人說話喔！如果有人問路，就趕快走，或是找人幫忙。天快暗了，你們趕快回家吧！

（明、美揮手向警察說再見）

～劇終～

PART3課後討論

老師：各位小朋友，你們看了自己編的劇本，有沒有發現什麼有趣的地方呢？

學生：有，阿美的個性好兇！

老師：可是一開始還不會，好像是從張志威小朋友幫阿美想的對白開始，他說：「喂！老師說不可以隨便吃陌生人的東西！」然後……我們就想出讓阿美打小明的點子。

學生：這句話決定後面的整個劇情耶！志威好厲害！

老師：你們現在知道「對話」有多重要了吧，志威的一句話，就決定阿美是個很精明、個性強悍的女孩。

學生：阿美雖然「恰北北」，但總算是救了阿明，不讓阿明繼續說錯話是對的。

學生：對啊，阿明的個性……感覺很笨，常常快要被騙了，幸好有阿美在旁邊提醒他。

學生：阿明被阿美打的時候，真的很好笑！

老師：所以阿美真的很聰明，雖然阿美很兇，可是她的動機是好的，是想保護阿明呀！

學生：如果我們每個人都有像阿美這樣的朋友，那就太好了！他們兩個人的對話和動作，打來打去的，又踩腳、又搗嘴巴，真的很好笑。

學生：搗嘴巴是我想的！哈哈！

老師：你們真的很有創意，好的劇本最重要的是要「有趣味」，要有幽默和好笑的地方。你們真的很棒呢！完全做到這一點，不但情節有趣味，你們還讓這兩個主角的個性變成對比，從阿明的老實去襯托出阿美的聰明，這樣人物的個性就非常有特色了。小朋友，你們已經抓到編劇的祕訣囉！

活動精靈

❶ 編劇的活動開始前，要先投票表決人物的名字。

❷ 教師扮演壞人叔叔的角色，壞人所說的對白，也是由教師事先想好提供的。

❸ 活動可採取隨編隨演的方式，每想出一個小情節，就演一下看看效果。例如開頭的壞人問阿明、小美雙溪公園怎麼走，扮演壞人的老師可以表演奸詐的表情，或是假裝大野狼的手勢，作勢撲向學生，如此帶動歡樂的課堂氣氛，學生將興奮地投入課程當中。

❹ 一次作文課通常只能完成劇本，無法進行表演，教師可擇日安排話劇

演出。

三、尾聲

生活指導

劇本完成後，教師可扣緊劇本主題，藉機給予孩子生活上的指導：

小朋友，當你們一個人或是只有一、兩個人的時候，一定要注意自身的安全，請大家記住下面的原則，就能夠平平安安地回家。

第一，放學後，如果沒有別的事，就要趕快回家，如果要去其他地方，一定要讓家人知道，取得家人同意後，才可以去。

第二，平時要牢記家裡的電話號碼及地址，如果不小心迷路了，可以打公用電話向家人求救，也可以請巡邏或指揮交通的警察叔叔、阿姨以及便利商店的店員幫忙。

第三，如果遇到陌生人問路，小朋友只要告訴他怎麼走就行了，不必親自帶路。如果問路的人說聽不懂，希望由你帶路的話，要先委婉地拒絕對方，再請對方問其他路人。

第四，路上遇到陌生人需要幫忙時，小朋友應該量力而為，最好是請旁邊或附近的大人、消防隊或警察幫忙。

第十三課

記憶遊戲

爸爸的姐姐是誰？

第十三課

記憶遊戲
爸爸的姐姐是誰？

對老師或家長而言，最傷腦筋的就是孩子總是學過就忘，學了半天，好不容易有進展，過一個寒假，又變回原形，正是「學如逆水行舟，不進則退」。然而記憶力是可以訓練的，重點不在學了多久，或學了什麼，而是「怎麼學」。

被開發的記憶訓練法有許多種，例如組織法，就是將所學過的內容加以重新安排、整理，透過組織，讓我們記得更長、更久，此外還有聯想法、關鍵字法、故事法等。

但無論是運用哪一種方法，最終還是要經過反覆練習，因此「重複」是增強記憶的不二法門，只是運用的技巧各有不同。

不斷重複一件事絕對會增強記憶，譬如你反覆彈奏一首鋼琴曲，或將一部卡通看過三、四次，印象便極為深刻。

被使用最久的記憶法是「背誦」，背誦是我們從小到大，唯一應付考試和讀書的方法。雖然背誦也是利用「重複」的原理，但這種單調的重複容易令人生厭，使學生快速地喪失學習興趣。

我們應使用帶有競爭性的遊戲來幫助記憶，因為遊戲使人興致勃勃，而競爭可使學生想著非把它記起來不可。有了強烈的意念，大腦的活動會更靈活，反應更迅速，聯想的過程也能更快完成，同時排除了因為一味背誦而引發的厭倦感。

國小是孩子記憶力最強的階段，因此教師不應鼓勵孩子死背硬記。我們要先帶領孩子了解事物的意義後，再開始玩記憶遊戲，這樣孩子才會記得比較輕鬆，也不容易忘記。

讓小朋友藉著遊戲，反覆學習，提升記憶力，一方面寓教於樂，一方面有家長或老師陪伴在旁，和孩子一起動腦，還可以增進親子及師生關係。

教學目標

❶能辨認親屬稱謂及彼此的血緣及姻親關係。

❷認識自己與家人在家庭中的角色。

❸能正確地將親屬名稱與台語的稱謂對應。

❹能思考自己與家人的溝通方式。

教學準備

教具：親屬關係海報、稱謂卡。

教學內容規劃表：

教學主題	記憶遊戲
說明主題的前奏	認識親屬關係與稱謂
教學活動	爸爸的姐姐是誰？
解釋題目	我們這一家
作文	作文

教具製作

名稱1：親屬關係海報。

材料：A4影印紙四張。

製作步驟：

❶海報應包含的親屬稱謂如下：祖父、祖母、外祖父、外祖母、父親、母親、自己、哥哥、嫂嫂、姐姐、姐夫、弟弟、弟媳、妹妹、妹夫、伯父、伯母、叔叔、嬸嬸、姑姑、姑丈、舅舅、舅媽、阿姨、姨丈、堂哥、堂弟、堂姐、堂妹、表哥、表姐、表弟、表妹。

❷教師可使用電腦繪圖軟體製作，或以手繪方式在大幅的海報紙上畫出親屬關係圖。如下圖所示：

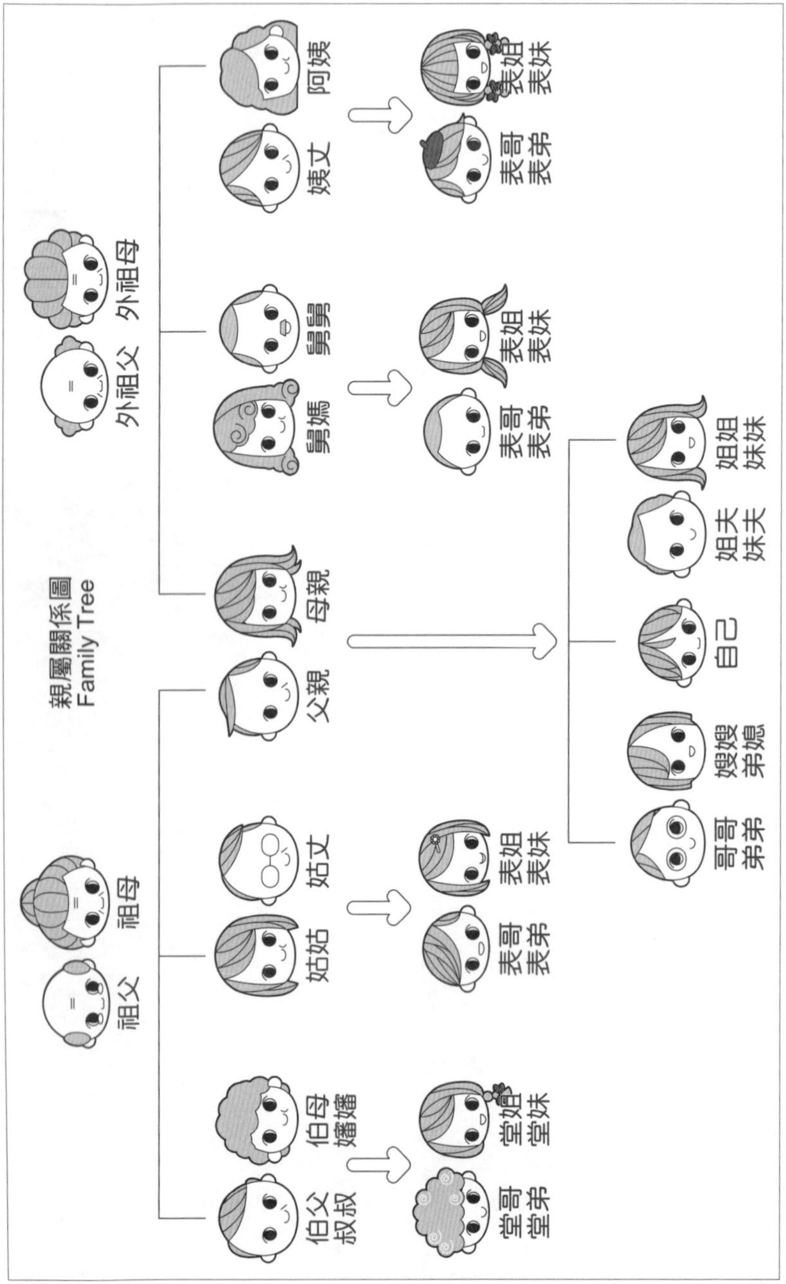
親屬關係圖
Family Tree
祖父
祖母
外祖父
外祖母
伯父 叔叔
伯母 嬸嬸
姑姑
姑丈
父親
母親
舅媽
舅舅
姨丈
阿姨
堂哥 堂弟
堂姐 堂妹
表哥 表弟
表姐 表妹
表哥 表弟
表姐 表妹
表哥 表弟
表姐 表妹
哥哥 弟弟
嫂嫂 弟媳
自己
姐夫 妹夫
姐姐 妹妹

名稱2：稱謂卡。

材料：A4影印紙約十張。

製作步驟：

❶每張A4影印紙可製作四張稱謂卡。

❷稱謂卡上以紅筆書寫者代表母親家族，黑字代表父親家族。

❸教師可視學生人數，決定稱謂卡的數量，稱謂卡可以重複，例如「表妹」的卡可有兩、三張，目的是為了配合學生人數。

教學活動

一、前奏

認識親屬關係與稱謂

小朋友，我們生活在重視倫理秩序的社會，每個家庭都有自己的血緣關係，家族的成員就像樹幹一樣日益茂盛。現代的小家庭，成員多半只有四、五個人，平常兄弟姐妹人口少，打打鬧鬧是常有的，但是在古老的中國，家庭人口往往多到數十人，卻能生活在一起好幾年喔！

在《舊唐書．孝友傳》裡便記載這樣的故事：古代在山東鄆州這地方，有位老先生，名叫張公藝，他家裡的人口非常多，一家總共九代的人同住在一起，這種九代同居的現象，即使在古代也是非常少見的！

當時的皇帝唐高宗聽到這家的事，覺得非常好奇，有一次，唐高宗路過鄆州，就特地去拜訪張公藝老先生，請教他維持家庭和樂的祕訣。張公藝老先生聽了皇帝的問話，只是微笑，拿著紙筆寫下幾百個「忍」字。皇帝看了十分感動，才知道九代同堂的祕訣就是彼此忍讓。

小朋友讀過的《三字經》，就有一段講家族血緣的：「高曾祖，父而身，身而子，子而孫，自子孫，至玄曾，乃九族，人之倫。」這段話告訴我們，一個家族是由高祖父、曾祖父、祖父、父親、自己、自己的兒子、孫子、玄孫、曾孫所組成的，因為這樣，才使我們祖先的血統，得以繼承下來。

照道理說，我們應該最了解自己的家人，可是卻有很多小朋友，不知道應該怎麼稱呼他們，遇到舅舅或阿姨，也不懂怎麼稱呼，甚至於不知道台語的「阿公」，就是祖父或外公。

這堂課，老師就要帶著小朋友，來認識自己的家人和他們的稱謂。

二、主曲

爸爸的姐姐是誰？

PART1 看圖解說

老師：各位小朋友，黑板上貼的這張海報就是「親屬關係圖」，也就是我們每個人的「家譜」，英文叫作「Family Tree」，你們看，是不是長得很像一棵枝葉茂盛的大樹呢？

我們的祖先就像樹根，是我們出生的源頭，而我們和其他家人就像是樹幹，不斷地繁衍下一代。現在請你們仔細看圖，請問大家，「自己」在哪個位置呢？

學生：是中間那個小男生，上面寫著「自己」兩個字。

老師：完全正確，不過如果妳是女生，這個「自己」就是一個小女生了。我們首先往左右看，找到我們的兄弟姐妹了嗎？

學生：找到了，可是旁邊的嫂嫂、弟媳、姐夫和妹夫是什麼？

老師：將來你們長大以後，如果結婚的話，哥哥的太太就叫「嫂嫂」，弟弟的太太叫「弟媳」，姐姐的先生叫作「姐夫」，妹妹的先生叫「妹夫」，因為婚姻的關係，我們會多出很多親戚。接下來，大家有沒有找到父親和母親？

學生：有啊！就是和自己連在一起的上面這兩個人。可是什麼叫作「父親」、「母親」呢？

老師：有很多小朋友只知道爸爸、媽媽，卻不知道什麼是父親、母親。父親就是我們的「爸爸」，母親就是「媽媽」，很簡單吧！父親、母親是比較正式的說法，平常我們都說爸爸、媽媽。

學生：原來是這樣啊！難怪上次有個老師的作文題目是「我的父親」，我看不懂這是要我寫誰。

老師：老師真的看過有些小朋友不知道父親、母親是誰。讓我們繼續看下去，父親和誰連在一起呢？

學生：祖父、祖母、姑姑、伯父和叔叔。

老師：我們要知道父親這邊的親戚，都是我的家族成員，也就是「父族」。爸爸的父母叫作祖父、祖母，而爸爸的兄弟姐妹叫作伯父、叔叔和姑姑，另外伯母、嬸嬸、姑丈則是因為結婚而來。他們所生的孩子，像伯父、叔叔的小孩就是我們的「堂」兄弟姐妹，但姑姑的小孩則是我們的「表」兄弟姐妹喔！

學生：原來男生的小孩是我們的堂兄弟姐妹，女生的小孩是我們的表兄弟姐妹啊！

老師：一點兒都沒錯！你們好聰明。那麼你們知道伯父、叔叔要叫你們什麼嗎？

學生：我知道，我聽過叔叔對別人介紹說我是他的「姪子」。

老師：沒錯，你們是伯父叔叔的姪子，不過也是姑姑的姪子喔！記得你們和姑姑同姓吧？

學生：對，我有五個姑姑都和我一樣姓「陳」！

老師：我們看完了「父族」，現在來看媽媽這邊的親戚。媽媽的父母叫作「外」祖父、「外」祖母，為什麼要加一個「外」字呢？因為媽媽的娘家叫作「外家」，所以媽媽的父母稱謂要加上「外」。

學生：那媽媽的兄弟姐妹也要加「外」字嗎？

老師：不必。媽媽的兄弟姐妹叫作舅舅和阿姨，另外的舅媽和姨丈也是因為結婚而來，他們的小孩是我們的表兄弟姐妹。

學生：圖上面說，媽媽這邊男生、女生的小孩都是表兄弟姐妹耶！

老師：是的，要記得喔，只有伯叔的小孩是「堂」。你們知道舅舅和阿姨要叫你們什麼嗎？

學生：是外甥！

老師：對，注意喔，這裡也是用一個「外」字。以上媽媽娘家的親戚都是「母族」，父族和母族都是我們的家人。

PART2記憶遊戲

老師：既然你們都已經認識家人的稱謂了，我們就來玩一個遊戲，叫作「我的家人在哪裡」。首先，請各位小朋友從桌上這些紙卡，任選一張，然後回座位坐好。

學生拿卡畢，回座。

老師：老師拿的卡是「自己」。你們先看清楚手上的紙卡，上面寫什麼？

學生有的說父親、有的說表姐，七嘴八舌。

老師：好，你們記得老師演的是自己喔！當老師說「我的什麼什麼」在哪裡的時候，手上拿著答案卡的人就要站起來說：「在這裡！」我們先來練習一次：「我的父親在哪裡？」

一個學生拿著「父親」卡站起來：在這裡！

老師：（對學生說）爸爸！

全班哄堂大笑。

老師：我們拿到什麼卡，就變成那個身分了，所以老師要叫王小平「爸爸」。哈哈，請坐下，我們繼續下去。我的外祖父在哪裡？

一個小女生拿著「外祖父」卡站起來：在這裡！全班大笑。

老師：（對學生說）阿公！……大家知道外祖父的台語稱呼是「阿公」嗎？

學生：知道！

老師：很好，我們現在加快速度。我的姑姑在哪裡？

學生：在這裡！

老師：姑姑，你要叫我什麼？

學生：姪子！

老師：好棒喔！你的答案很正確，反應也很快喔！現在，相信大家都記得家人和我們的關係以及稱謂了，在家裡也可以和爸爸、媽媽一起練習喔！

活動精靈

❶此遊戲可一直玩下去。除了從「自己」出發，找出對應的稱謂之外，也可由學生出發，例如從「阿姨」的角色開始，學生問：「我的先生在哪裡？」手拿「姨丈」稱謂卡的學生就要站起來說：「在這裡！」

❷實際操作時，學生玩得樂此不疲，雖然遊戲的玩法一直重複，但帶點競爭意味，孩子都會努力去想出正確的答案。經過這次遊戲之後，大家都能清楚地記住了。

三、尾聲

作文

❶公布作文題目：我們這一家。
❷解釋題目。
❸開始習作，教師巡視指導。

我們這一家

我有個幸福美滿的家庭，住著爸爸、媽媽、弟弟和我；我也擁有許多親戚，他們時常來看我和弟弟。家人之間充滿了和睦、快樂的氣氛。

我們的一家之主是爸爸，他的脾氣像獅子，生起氣來不得了，但是姑姑就不怕他。有一次姑姑說，小時候爸爸比我們還皮，還不小心把妹妹——就是她——搞丟了呢！被奶奶罵了一頓，原來爸爸有這樣的一面。

我媽媽是家庭主婦，她的個性是非分明，每當我們做錯事，她就會適當地處罰，讓我們記取教訓。阿姨是媽媽的小妹妹，兩個人差了十幾歲。聽外婆說，阿姨是媽媽一手帶大的，難怪阿姨就像我們的大姐姐。

我弟弟是家族裡年紀最小的，但是他很聰明，還是個電腦高手，我遇到和電腦有關的問題，就會問他，因為他的頭腦和電腦一樣聰明。弟弟非常喜歡幫助別人，所以全家都很疼愛他。

至於我嘛，則是表兄弟姐妹中最大的，算是他們的老大喔！所以爸爸每次都叫我要讓這些弟弟妹妹，而我也非常喜歡和他們一起看故事書、一起玩遊戲。

我有一個快樂的家庭，這樣的家，你說我能不愛它嗎？

詩佳老師的作文講堂

■**講座特色**：不只談寫作，而是從創意啟發著手，兼顧生活經驗與知識，帶領您深入認識「創意」，學習「思考」，精進「教學」，最後將創意構思化為「文字」，不但學習寫作，更激發了潛能。

■**邀請說明**：想邀請詩佳老師演講的學校、團體，歡迎您來信至：amy.koko@msa.hinet.net，或見「詩佳老師的作文城堡」的訊息公告：http://www.wretch.cc/blog/amykoko2007。

打開作文教學的神奇大門

【作文老師快速養成】

「創意作文名師」如何培養？作文課怎麼上才不會單調無聊？孩子的國語文能力低落，究竟是什麼原因？中文是世界趨勢，該如何挽救下一代的「寫作力」？詩佳老師將逐一解惑，告訴您作文老師應具備的專業、魅力與自我成長，以協助教學提升寫作力。

【聰明設計教案及活動】

教案是課堂的骨架，活動猶如血肉，遊戲是肌膚，三者是構成作文課不可缺的要件，而教師如果能聰明的設計教案及活動、遊戲，等於為課堂賦予靈魂，使課程有整體性、充滿樂趣、抓住學生的心。詩佳老師教您規劃課程，重實務面，可立即上手。

【創意思考教學引導】

逆向思考、聯想與組合，是吸引人目光的強力黏著劑，而假設情境是創意的表現，在作文運用「假設」創造情境、表現創意，這些對作文構思有驚人的作用。鑽研創意教法的詩佳老師，將帶您認識創意，學習嶄新的思考方式，實際提升教學能力。

作文創意及記憶寫法

【從審題到文體的寫作思考－初級】

審題是作文第一要務，可掌握題目的寫作對象、範圍和重點，搭配對結構與各段比例的掌握，能直接提升寫作效率；文體則先從記敘文、抒情文入手，使作文成為有趣的事。詩佳老師將對各文體重新詮釋，傳授一點就通、明辨文體特性與運用的訣竅。

【從審題到文體的寫作思考－進階】

如果能掌握審題技巧，作文就能事半功倍。從【初級】的辨識標誌法、三問六何法，到【進階】的化多為一法、逆向思考法、對稱平衡法，詩佳老師帶您利用各種審題技巧在教學中，巧妙解題，並對議論文與應用文的重新詮釋，傳授文體綜合運用的方法。

【描寫、論證、修辭－寫作技巧指導】

描寫、論證和修辭，是作文的「金三角」，決定作文的外在美與內在美。描寫突出事物形象，論證協助我們成功說理，修辭包裝文字，使文句耐人尋味，因此「金三角」成為作文得分的關鍵。詩佳老師精采的舉例，配合「小秘訣」，對寫作教學有絕佳的助益。

作文多媒體教學策略

【圖像教學技巧】

觀賞圖像，可訓練「視覺思考力」，是促進觀察、思考、傳遞資訊和激發情感的能力，讓我們學會更善用大腦。圖像教學包含看圖說故事、繪本與心智圖，詩佳老師教您運用這些工具，輕鬆將圖像延伸寫作教學，讓教學內容融會貫通。

【影像融入式教學】

活潑生動帶有趣味性的影像，最受孩子們的喜愛，影像包含短片、廣告、電視、電影等，每一種都有獨特的教學方法。詩佳老師教您利用主持節目、觀察欣賞、觀後提問等方式，加入有深度的引導，使影像教學不僅好看，還能看出「門道」。

【廣告腳本與劇本撰寫】

廣告是創意和點子的天堂，劇本則是學習角色扮演的好方法，除了對寫作與創意力大有幫助，更可以延伸出教學活動，包括觀賞影片、廣告戲劇的表演等，多采多姿的內容，深受學生喜愛。詩佳老師將帶您順利教出創意寫作課程。

教出中文閱讀力

【作文深度展現文章風采】

作文猶如生活的拼貼，以文字為膠，黏合生活片段與回憶，在揮灑想像之餘，適當的組織、剪裁、注入文化內涵才成為好文章。詩佳老師提出好用的教學工具：作文剪裁、訂題目和有深度的方法，發表獨創的「三維思考法」，教您輕鬆地架構文章。

【童話寓言的閱讀與創作】

童話能增進想像力，寓言則能促進哲理情思，創作童話寓言就可以培養這兩種能力。詩佳老師從閱讀引導開始，一步步教導編寫故事的方法，除了寫出有創意的故事，還要寫出深度，在書寫教學中亦能陶養孩子的性情。

【教出閱讀力】

閱讀力是增進思考的法門，儲備閱讀力就是儲備未來的戰力。閱讀教學若只重逐字逐句的解釋，就算看完文章也只是「半知半解」，其實閱讀樂趣可從主動的閱讀獲得，讓書本引領我們。詩佳老師與您分享閱讀教學的策略與教出閱讀力之妙方。

狀聲詞教學音效細目

一、動物 1～14

01 麻雀叫
02 公雞叫
03 烏鴉叫
04 鴨子叫
05 蚊子聲
06 貓叫
07 狗叫
08 牛叫
09 羊叫
10 馬嘶鳴
11 青蛙叫
12 蟬鳴
13 老虎吼聲
14 大象叫

二、自然現象 15～23

15 大雨聲
16 流水聲
17 水滴聲
18 海浪聲
19 狂風
20 颱風
21 打雷聲
22 打雷下雨聲
23 燒柴火聲

三、器物 24～41

24 炒菜聲
25 鞭炮聲
26 汽車喇叭聲
27 敲門聲
28 門鈴聲
29 鋼琴聲
30 救護車笛聲
31 機車引擎聲
32 鼓聲
33 腳步聲（皮鞋）
34 沖馬桶聲
35 碗摔破聲
36 水壺笛聲
37 吹哨子聲
38 電話鈴聲
39 打電腦鍵盤聲
40 直昇機
41 蒸汽火車

四、人聲 42～52

42 打噴嚏聲
43 打呵欠聲
44 打鼾聲
45 心跳聲
46 笑聲
47 嬰兒哭聲
48 拍手聲
49 吵雜人群聲
50 吹口哨
51 刷牙聲
52 鬼魂出現聲

國家圖書館出版品預行編目資料

讓學生不想下課的作文課／高詩佳著.
--二版--.--臺北市：五南，2012.02
面；　公分.
ISBN 978-957-11-6550-9（平裝）

1.語文教學　2.作文　3.寫作法　4.小學教學

523.313　　　　101000231

1X3M 悅讀中文 06

讓學生不想下課的作文

作　　者 — 高詩佳（193.2）
發 行 人 — 楊榮川
總 經 理 — 楊士清
總 編 輯 — 楊秀麗
副總編輯 — 黃惠娟
責任編輯 — 高雅婷
封面設計 — 黃聖文
美術編輯 — 米粟設計工作室
出 版 者 — 五南圖書出版股份有限公司
地　　址：106台北市大安區和平東路二段339號4
電　　話：(02)2705-5066　　傳　真：(02)2706-
網　　址：http://www.wunan.com.tw
電子郵件：wunan@wunan.com.tw
劃撥帳號：01068953
戶　　名：五南圖書出版股份有限公司

法律顧問　林勝安律師事務所　林勝安律師

出版日期　2007年8月初版一刷
　　　　　2012年2月二版一刷
　　　　　2019年7月二版四刷
定　　價　新臺幣280元